明华看苏州

苏州工商往事

主编 顾明华

许冠亭 谭金土 等著

苏州大学出版社

图书在版编目(CIP)数据

苏州工商往事/许冠亭等著. —苏州:苏州大学出版社,2014.1
(明华看苏州/顾明华主编)
ISBN 978-7-5672-0706-6

Ⅰ.①苏… Ⅱ.①许… Ⅲ.①工商企业—经济史—苏州市 Ⅳ.①F279.275.33

中国版本图书馆 CIP 数据核字(2014)第 013869 号

书　　名:苏州工商往事
主　　编:顾明华
著　　者:许冠亭　谭金土等
策　　划:刘　海
责任编辑:刘　海
装帧设计:吴　钰
出版发行:苏州大学出版社(Soochow University Press)
出 版 人:张建初
社　　址:苏州市十梓街1号　邮编:215006
印　　刷:苏州工业园区美柯乐制版印务有限责任公司
网　　址:www.sudapress.com
E-mail:Liuwang@suda.edu.cn　QQ:64826224
邮购热线:0512-67480030
销售热线:0512-65225020
开　　本:630 mm×960 mm　1/16　印张:13.5　字数:200千
版　　次:2014年1月第1版
印　　次:2014年1月第1次印刷
书　　号:ISBN 978-7-5672-0706-6
定　　价:39.00元

目录

晚清苏州商会创设记

许冠亭

晚清苏州绅商群体的形成

晚清商会的创设者是绅商。绅商并不是士绅与商人的统称，而是绅与商两者合流之后产生的一个新的社会群体，它既有别于传统士绅阶层，又有别于一般旧式商人。在晚清官方文献中，一般称这批人为“职商”，即有职衔的商人。这个群体具有相当统一、明确的经济和政治特征——既从事工商实业活动，又同时享有封建功名、职衔，可以视为一个独立的社会阶层。晚清绅商的产生，主要原因在于社会阶级关系发生剧烈变动

寓沪西绅商点灯庆太平（石版年画）

和调整，一方面士绅为实现振兴民族工商业的目标和获得投资经营工商业的利润，向商人转化，但他们依然利用拥有的功名和职衔为工商业经营竞争加强砝码；另一方面商人在取得商业利润后，通过捐纳制度为自己购得功名和官衔，藉此抬高自己的社会地位。19世纪末、20世纪初绅商人数激增的原因则在于，光绪朝时期普遍采用“官督商办”“官商合办”等企业创办形式，以及1905年科举制废除后商人为提高身份以利于经商而去捐纳功名、职衔的活动。

苏州在宋元明清时期具有重要的经济地位。“上有天堂，下有苏杭”，这一描述更增添了苏州的传奇色彩，让世界人民为之神往。近代以前，苏州在江南地区具有集商业、政治和文化三中心于一地的特殊地位。晚清上海的开埠，是资本主义国家要将中国纳入其国际市场体系的重要一步。在上海设立通商口岸的重要意图就是紧靠苏州，可以依托传统的江南市镇市场体系，拥有购销两旺的丰富腹地。但上海成为通商口岸后，逐渐从“小苏州”崛起成长为“大上海”，成为新的工商业中心，苏州则应验了此消彼长的竞争规律而相形见绌。但就全国范围而言，苏州又是受到上海直接影响比较早、比较大，从而较早较快向近代转轨的城市之一。日本发动甲午战争侵略中国并签订了《马关条约》，将苏州列为通商口岸之一。苏州于1896年9月被迫正式对外开放，允许日本人在苏州盘门一带租地，创办工厂、开设商店，而西方各国也援引条约“一体均沾”。为了挽回中国民族经济的利益，尽力减少损失，苏州绅商也开始创建源盛丝厂、苏纶纱厂、苏经丝厂等民族工业。随着工业、教育、交通的发展，苏州的工商格局和城市面貌开始向近代化转变。晚清苏州与上海多有不同，上海往往是一些外地人来沪充当洋行买办，白手起家，创业成功则迅速成为巨富，并通过受赏或捐官成为绅商。苏州较之上海开埠既晚，又是江苏的省会，传统的政治经济力量对绅商群体的形成也有很大影响。苏州绅商群体中多为由官宦之家、科举仕途转而经营工商业之声名卓著者，而且有时优容进退于官商两途。当然也有部分城居地主、外来客商、本地手工业场主、中小商人通过经营工商业致富，进而通过捐纳拥有绅商身份，其目的在于与总督、巡抚等高行政级别的官府衙门打交道时较为顺畅，这也符合苏州这个熟人社会的交往程式。

绅商的形成，不仅意味着传统社会结构已经变化，而且预示着商人的组织方式也即将调整。

通常来说，商人往往通过血缘、姻缘、地缘、业缘关系编织社会网络，结成家族联盟。例如，从明清到近代，由内地到通商口岸，在苏州洞庭商帮席氏家族编织的社会网络中，姻亲、同乡关系始终是其中最基本的关系，可以认为这是家族庞大关系圈中比较稳定的部分。严格意义上的工商组织则是以商人会馆、公所的形式出现的。我国早期的工商业组织发轫于“行”，渐次演变成为“一业一会”。而来自同一地域的同业商人又以“帮”的组织形式出现，由此逐渐形成了以同乡同业的“行”“帮”为基础的会馆、公所。商人会馆作为一种外地商人的同乡组织即为这类组织形式之一，它是以地域性商帮为基础的同乡会性质的组织，作用主要有联乡谊、办义举、祀神、协调内部、合力竞争。公所的作用主要在于突破会馆的地域界限，以同业间的联系取代地域商帮的狭隘利益，谋求同行业的共同发展，但也因在某种程度上约束同行之间竞争而有一定的消极作用。进

全晋会馆

入晚清以后，有些公所通过扩大行业经营范围而连结成较大的公所，有些商帮也按照地域相近原则逐步扩大范围联结成更大的商帮，这在对外贸易较为活跃的上海更为明显。明清时期是苏州工商业繁盛的时期，也是工商行会组织发展的鼎盛时期。地域性和外来性是会馆的基本特征。始于明万历、迄于晚清的苏州会馆共约50所之多，如三山会馆、岭南会馆、潮州会馆、汀州会馆、江西会馆、金华会馆、全晋会馆等。这些会馆大部分由工商业者以地域性“商帮”为基础创建。如钱江会馆为杭州绸缎商人所建，毗陵会馆由常州猪行客商所建。也有一些由仕商或地方文武官员创建。苏州各会馆的实际作用在于：为留寓苏州的同乡提供聚会、驻足和联络乡谊的场所；为同乡办理善举，提供救济；团结同乡，共同对付其他地区商人的竞争。有少数会馆从地域性会馆向同业性会馆转变，具有行会色彩。如苏州的大兴会馆原属江苏各府木商所建的地域性行馆，道光以后，它允许外省在苏州的木商加入，成为木商行的共同会馆，并供奉关圣、朱子神位，因而就具有了行会的性质。再如武林杭线会馆，它创建于乾隆初年，初为浙江杭帮所建，绸箔两业附属于内。到道光三十年(1850年)生意衰落，绸箔两业分立于外。同治九年(1870年)苏帮各号也加入武林杭线会馆，会馆实际成为苏杭线帮的共同会馆，具有了同业公所的性质。公所的起源在会馆之后约百年，绝大多数的行会组织都以公所的名义出现。苏州工商业公所滥觞于清雍正时期，兴盛于乾隆至道光时期。据唐文权先生统计，苏州地区的公所总数达157个之多。如置器公所、允金公所、冶坊公所、面业公所、菜业公所、小木作公所、钟表公所、玉业公所、

绣线巷

恒升茧行

安徽会馆门楼

巧木公所、云锦公所、水炉公所、明瓦公所、锦文公所、圆金公所、钢锯公所等。公所通常按行业设立,其作用主要在于通过制定行规章程,约束和限制同行之间的竞争,维护同行业的既得利益,谋求同行业的共同发展。近代苏州会馆和公所的兴盛表明,在上海已经成为最繁华的通商口岸之后,苏州的工商业相对于全国仍然比较繁盛,而这在某种程度上又是由于上海的繁华发展引起的集聚效应所导致的商业圈的扩大或梯度转移。同样,苏州会馆、公所等组织规模都比较小,各有其势力范围,从总体上说相互之间界限分明,也存在着各种陈规陋习,所以不能适应近代商战和苏州工商业发展的需要。唐力行先生指出,鸦片战争以后旧式商人组织的结构和功能悄悄发生了五个方面的变化:地缘性会馆减少和业缘性行会(包括同乡暨同业的行会)增加;与对外贸易相关的行会大量兴起;行会内部成员由旧式工商业者的单一结构向新旧工商业者混合的二元结构转化;行会的组织规模随着行业的发展而不断扩大;旧行规逐渐松解。

绅商群体创设商会,首先在上海。在近代上海的崛起过程中,上海商人组织的结构和功能所发生的变化具有整体性和持续性,在行会向集成

1902 年的上海商业会议公所

行会发展的进程中，同步进行着资本主义工商业的发展、商人心理的整合，商会这一新型的工商社团也就在上海首先出现了。1902 年，上海绅商受在沪外国商会的影响建立了上海商业会议公所，这是中国为了中外商约谈判的需要所建立的第一个商会。1904 年初，商部决定仿照西方国家的商会模式，在全国倡导华商设立商务总会和分会，其制订的《商会简明章程》规定：凡属商务繁富之区，不论系省垣或城埠，均应设立商务总会，商务发达稍次的地区则设商务分会，此前所设商务公所等类似的组织，一律改为商会。不久，上海商业会议公所改名为上海商务总会，很快天津、汉口等通商大埠以及北京、各省垣均设商务总会，府、厅、州、县等中小城市设商务分会。贸易丰盛的村镇也想设立商务分会，请求商部明定商务分会章程。商部对此也加以鼓励，指出："现在风气日开，群情渐臻鼓舞，多设一处，自可多获一处之益……遇有禀请设立分会之处，应即随时转禀本部，不得稍有阻遏，致拂商情。"商部制定《商会章程附则》规定：为免分歧，原则上一州县"每属只准设立一分会，其设会所在，不论系城埠，系村镇，总以在该州县中商务最盛之地为断"；但又作变通说明："各省商务情形不同，往往一州县中商务繁富之区不止一处，彼此相同，无可轩轾，自应量予变通，两处均准设立分会。惟须实系水陆通衢，为轮船、铁路所经，商贾辐辏之处，方得援照办理。"

苏州绅商积极响应商部建立商会组织的倡导，王同愈、尤先甲、张履谦、吴本齐、潘祖谦、彭福孙等苏州著名绅商倡议发起成立苏州商务总会。

王同愈（1855—1941 年），字胜之，晚号栩缘老人。江苏元和人，清光绪十五年（1889 年）己丑科二甲第 22 名进士，以文出仕，选翰林院庶吉士。曾历官翰林院编修。光绪十七、十九年(1891、1893年)两度任顺天乡试同考官,继又任清朝驻日公使参赞。甲午战争爆发后,王同愈归国,在吴大澂的军中辅襄军务,后又外放湖北学政等。光绪二十九年(1903年),王同愈因女儿病故回到苏州,从此"不复有出山志",具有外交、军务、学政等丰富履职阅历的他放弃了仕途。1905年,他发起组织苏州商务总会。商会成立后被选为名誉会员,开始由绅向商转化。后又被举为苏经苏纶丝纱厂总经理,并供职于苏省铁路公司,同时积极参与立宪派活动,是晚清苏州声名颇著的绅商。

王同愈

尤先甲(1843—1922年),字鼎孚,江苏吴县人,祖籍安徽徽州,祖上是徽州大商人,前清时移居苏州。尤先甲自幼熟读四书五经,志在科举仕进,光绪二年(1876年)中举人,授职侍读衔内阁中书,曾两度调礼部任职。1883年因父亲去世回苏,之后便不再做官而从事经商和公益事业。1890年江南发生水灾,尤先甲与地方士绅筹集款项,派人按户查放。以后每次遇到灾祸,他总是募集捐款、赈济灾民,因而得到清朝政府赐予花翎、侍读衔及三代二品封典的奖赏。1896年,据《马关条约》苏州被辟为通商口岸,尤先甲应邀参与筹建苏经、苏纶两厂。同年,投资2万两白银,创设同仁和绸缎局,成为同业中的佼佼者。1905年,尤先甲与王同愈等筹设苏州商务总会,尤先甲被推选为首届总理,后连任五届总理及议董等职,为时长达20余年。1906年,为收回苏杭甬铁路权,苏省铁路公司成立,尤先甲任该公司驻苏分公司经董。1909年,江苏省发起裁厘认捐实行营业税运动,成立全省认捐事务所,分设江宁、苏

尤先甲

州两处，他任苏州事务所所长。在此期间，他曾先后出任南洋劝业会吴县物产会会长、农工商部咨议等职。辛亥革命爆发后，尤先甲作为绅商代表劝说江苏巡抚程德全易帜反正。

潘祖谦（1842—1924年），字济之，江苏吴县人。其祖上居于徽州歙县大阜村，故称大阜潘氏，明末清初时移居苏州。以科第蝉联而著称的潘家在清末顺应时代环境发生的变化，出现了像潘祖谦这样的著名绅商人物。潘家为苏州首屈一指的仕宦大族，潘祖谦的祖父潘世恩是乾隆癸丑科状元，官至宰相。潘祖谦的堂兄潘祖荫以一甲三名中进士，光绪年间出任军机大臣。但潘祖谦的父亲潘曾玮科场不顺，屡应顺天乡试而失败，遂放弃举业，留心经世之学，后以办团练、借兵会剿太平天国而著名。潘祖谦功名亦不高，同治十二年（1873年）拔为优贡生，官至内阁中书，光绪二年（1876年）即以侍奉双亲为由回到苏州，住了10年。其父去世后，潘祖谦绝意进取，一心从事实务，济世利民，与其父一样，成为一方名绅。苏州成立商会后，潘祖谦担任议董，他所经营的潘万成酱园是苏城同行中之翘楚。潘祖谦还是苏省铁路公司的股东。

这些兼具声望地位和经济实力的苏州绅商们，看到上海商会自设立以来发挥了多方面的作用，尤其是在与各国争衡方面起到了“小而驳斥词讼违章，大而抵制美国工约”的众志成城之效，认为值得各地仿行设立。但是有一个问题阻碍了苏州商会建立的进程，这就是苏州究竟是设立总会还是分会。上海为商务最繁华的口岸，而且早已设立商务总会；南京为两江总督府所在地，是江南地区无可争议的政治中心，所以在1905年设立了江宁商务总会。苏州作为省垣，本当设立商务总会，因为其经济地位虽不若上海，政治地位不若南京，但其政治地位高于上海，工商状况优于南京。然而，苏州与上海、南京同属江苏省，在一省之内已经设立了上海、江宁两个商务总会，苏州且东距离上海仅129公里，西距南京仅214公里，苏州商会的建立固有必要，但究竟是设总会还是分会，这一问题并不取决于苏州绅商，完全有赖商部的决定。因为规模未定，苏州绅商创立商会的进程较为缓慢。

苏州商务总会的建立

苏州绅商当然希望建立商务总会。1905 年6 月20 日，由王同愈为首的苏州绅商首次向商部递交“说帖”。说帖以苏州工商遇到的危机为主题论证建立商务总会的必要性，指出苏州作为省垣，自从洋货在内地倾销后，土货销路日绌，加以银市日紧，捐输繁重，商情涣散，较其他各地更为严重。苏州也应该联合各业设立商务总会，以系观瞻，仍与上海总会联络一气，增强商人之间的向心力，化散为聚，以振兴工业，使商人齐心协力。6 月30 日，王同愈、尤先甲、张履谦、吴本齐、潘祖谦、彭福孙拟有更详细的《呈商部稿》，又从苏州商务的重要地位和将来发展来论述苏州建立商务总会的必要性。《呈商部稿》指出，各国之文野强弱，视商务之多寡盛衰为断，商务不仅决定国计之纾绌，还握有左右世界之权。而只有商会才能提纲挈领，保卫维持，使商务日有进步。苏州府城作为省会，北辖常、镇，南通嘉、湖，东控松、太，西抱太湖，民物繁庑，商务活动一向兴盛。近年城外又辟为通商口岸，宁沪铁路告成后苏州成为交通要道，货物流通，

苏州商会总协理会董合影

华洋汇繁，商务更当兴盛。由于没有商会维持其间，官与商之间多有隔阂，商与商之间也有分歧，应该设立商务总会，“以调查商业、和协商情、开通商智、研究商学为宗旨，而以保卫公益、调息纷争、改良品物、发达营业为成效。祛个人自私之见，辟公众乐利之源，以冀仰副朝廷整顿商务之至意”。7 月 17 日，商部批复，同意在苏州设立商务总会，以资公益；同时强调，由于上海设立总会在先，此后一应事宜尤应联络一气，以免发生分歧。7 月 31 日，江苏省商务局照会王同愈等转达江苏巡抚的厚望，要求苏州城内公正绅董赶紧设立商务总会，联络商情，并推举声望一向较高兼经营商业的绅士总理其事。苏州府又照会各绅董并要求长洲、元和、吴县三县照会王同愈等抓紧时间筹备，推举董事、议定章程，等候批复核转，不要拖延。因为在这一年略早时常州商务分会、锡金商务分会等已经建立，这时作为苏省省会的苏州建立商会也已是箭在弦上，确实不能再有拖延，于是王同愈等参照商部颁发的《商会简明章程》并参酌常州商会等现行章程，起草苏州商务总会章程。1905 年 10 月 6 日，苏州商务总会于赛儿巷七襄公所内召开成立大会，到会的各业代表共 64 人，由商部加札委用为商务议员的江苏商务局负责人、候补道陆树藩亲自到会督察，会员投票公举会董 18 人，并在会董中选出侍读衔内阁中书、绸缎业巨商尤先甲为总理，三品封职候选知府、钱业巨商倪思久为协理。

《苏商总会试办章程》共 80 条，它首先规定了苏州商务总会的宗旨和主要任务。苏州商务总会设立于苏州省城，有维系所属分会之责。苏州商务总会仍与上海商务总会联络一气，以免产生分歧。苏州商务总会以保护营业、启发知识、维持公益、调息纷争为宗旨，其开展的主要事项是：调查各业盛衰；研究商学，发明新理；改良物品，推广销场；联络同业，和协商情。

《苏商总会试办章程》规定了苏州商务总会的组织架构。凡每年捐会费 12 元的工商业者，经会众认可即为会友。另外，各行帮每年捐会费 300 元以上，便准其自行开列会友名单递交商务总会，依次递加，经众认可后就成为会友。根据商部所定章程，苏州商务总会确定会员至多为68 名，苏州商务总会的会员有下列几种产生方式：(1) 在会友内选拔，各从同业中公举 1 人或 2 人，多至 3 人为限。(2) 一行、一帮每年公捐会费 300 元以上，就可以推举会员 1 人，依次递加，但最多为 3 人。(3) 公司、工厂照各行、帮税捐例。会员确定以后，便召开会员大会，由会员大会选出 18 名议董作为议事骨干，组成董事会，作为领导机构。然后继续由会员大会选举，在议董中产生总理 1 名、协理 1 名，以得票多数者为总理，次为协理。其他 16 名议董，分别担任会计(2 名)、接待(6 名)、庶务(8 名)。会员、议董、总理、协理的任期为 1 年，每年用机密投筒法选举 1 次。担任总理、协理的资格为：(1) 品行方正，事理通达；(2) 热心公益，谙习公牍；(3) 在苏有实业；(4) 年在 30 岁以外。选举完成后，应将选定的总理、协理名单呈报商部，加札委用。一年任满则照章另行选举。总理、协理办事允洽，期满后应由会众公同酌议留任，如果历届办事很得众心，也最多只能连任 3 次。以后须阋任续举，庶于择贤之中仍寓限止，以防积重。同时商部又规定，如果总理、协理本身没有尽到保商振商的职责，或者有人对总理、协理的行为检举揭发，则由商部核办参处。商

苏州商务总会入会凭证

会各董事的名单则由总理报部备案。商部又要求各省督抚对商务局总办或提调驻局管摄诸务者进行考核，选择其中公正廉明、熟谙商务者报送商部，由商部加札委用，作为商务议员以专责成，遇有公事，准许其直接申报商部，听候办理，与此同时详报本省督抚查核。事实上，从1905年设立至1911年10月辛亥革命爆发，苏州商务总会一共进行了六届选举，大体是一年一届。苏州著名绅商尤先甲担任第一、二、三、五、六届总理，尤先甲以大绸缎商的身份而任五届总理，体现了绸缎业在苏州工商界的地位。钱庄业也在苏州工商界有极重要的地位，所以钱业巨商倪思久担任创会协理，后来钱业的吴理杲也担任了第二、三、五、六届协理。此外，典当业、珠宝业的商业地位也较高，所以第四届总理由三品衔户部郎中、典业巨商张履谦担任，第四届协理由珠宝业绅商倪开鼎担任。

《苏商总会试办章程》还设名誉会员、特别会员，并无定额限制。实际上苏州商务总会没有特别会员，名誉会员人数也很少，第一届仅2人，

苏州商会同人合影

以后各届最多也只有 3 至 4 人。但成为名誉会员的，往往是苏州的大绅商或大绅士，他们在商会中拥有很大的发言权。如数届被苏州商务总会接纳为名誉会员的王同愈，其家族为苏州望族，其本人在苏州乃至江苏学界、商界、政界均有广泛影响。另一名名誉会员蒋炳章是清末进士，也是苏州长（洲）元（和）吴（县）教育会的主持人，后出任江苏咨议局副议长，与商界、政界有密切关系。苏州商务总会内设办事机构，由该会公议聘请品学兼优、明白事理、谙习文牍之员 1 名，担任理事。此外再延请书记 2 名，司账 1 名，庶务 1 名，翻译 1 名，并决定临时酌请西律顾问官。

《苏商总会试办章程》规定了苏州商务总会的议事办法。苏州商务总会开会议事，分常会、年会、特会。

常会每星期开一次，总理、协理、议董将应办事件集议施行。若商家有紧要事，则应立赴商会酌议，本日不能议毕或接议一日皆可，不拘常期。

年会分年终年会、正月年会两种。年终年会在每年（夏历）十二月，总理、协理酌定日期（约在十二月二十以前），集在会各员，宣告一年期满，停止常会。年终年会的主要议程为：（1）调取各项账目；（2）预定下届各选举期（即为明年正月年会之期）；（3）预备选举各事；（4）本会常行章程，经特会议决更改者，由理事提出声叙入章，交会中各员复核，报告商部，并附刊，以备来年开会时发表实行；（5）调取一年所办要件，可觇各商能力进退者，摘由汇册，报告商部。正月年会是每年（夏历）正月依选举期开会三次。第一次会议的主要议程是：（1）清查去年账目，开列四柱清册，报告商部；（2）公议本年预算表，一并付刊；（3）启筒发表新选会员名数。第二次会议的主要议程是：（1）调查去年各业盛衰，有无新出商品，有无出口货物，列表报告商部，以备考核；（2）发表新举议董。第三次会议的主要议程是：（1）发表新举总理、协理；（2）宣布改良新章；（3）散派收支四柱清册预算表。

特会即特别会议，其召开的条件是：（1）凡遇紧要事件关系商务大局者，按照部章第九款，由总理、协理预发传单，齐集在会各员及各商理事人开特会议决。（2）凡有会员、会友 10 人以上欲开特会者，先将事由签名函告总理、协理，于数日内定期齐集，在会议决。（3）凡议事须由全班在会各员议决者，皆开特会。(4) 商务重要事件关涉商政者，虽经会众议决，非禀奉商部允准，不得擅行。(5) 各处商会所议重大事件，倘若事关全体，本会均应开特会以联合各处商会，如果本会为发起人，也应与各处商会联合。

《苏商总会试办章程》规定到会者须有过半之数方可开议。议事时或可或否，从多数议决。倘若可和否之数相同，则由总理、协理秉公决定。可者，签名议簿；否者，不必签名。倘有不便明言者，则采取机密投筒法决定。议事机密投筒法的操作步骤是：在苏州商务总会的会议室内置备有黑白子两盒，参加会议的会员鱼贯入内，取一子至总理前投入筒内。可者，取白子，否者，取黑子，投完后总理当众倾筒数明宣示。但遇有重要事件不能抉择者，或有真知灼见且确于商务有益而为众议所阻者，可由全班会员特请会外学识才望兼优之人入会讨论，定下方针，再行议决。遇有意见不同、各持一议或多至三四议不易断者，总理、协理立时公举四人专议此事，从中选取二议，择日再开特会议决。这种议事规则及决策方式可谓民主决策与科学决策的融合。

《苏商总会试办章程》规定了议事的规则：(1) 遇议事之期，由总理、协理订定时刻，知照在会各员，届时宣议，不得差至 5 分钟，迟到者不能入议厅，即作为临期不到论。(2) 议事之日，先由总理、协理酌派庶务议董 2 人任监会之职，届时监会摇铃入座，接待议董将签名簿收起，坐定后再摇铃，监会将议厅前栅关闭，总理、协理起立宣告本日所议各事件，由众依次议决后，再摇铃散会。(3) 如有人欲提议一事，须先期叙述事由，有会员或会友二人赞成者，一同签名，函送总理、协理阅后，至期开议。倘临时欲陈己见者，经总理、协理许可，即离座至提议处，陈说完毕即归座。(4)欲辩驳者，当时告知总理、协理，如经许可，即离座至辩驳处，陈说完毕即归座。或提议之件，经众会员辩驳后还想再申辩的，也照此进行。

《苏商总会试办章程》规定了议事的禁约：(1) 不得紊乱座次；(2) 不得无故出席行走；(3) 不得短衣入座；(4) 不得喧哗谈论；(5) 不得随意涕唾；(6) 不得吸旱烟、纸烟、雪茄；(7) 不得醉酒入会。这些规定对商务总会保证会议秩序、提高会议质量很有好处。

苏州商务总会一成立，就在抵制美货运动中发挥了积极作用，在清末最后的几年时间里，它联络工商、发展实业、挽回利权、鼓动立宪，作出了卓越的历史贡献。

苏州的商务分会和商务分所

苏州的商会不仅有苏州商务总会，还有所属各地的商务分会、商务分所。

按照商部的规定，商务分会的设立与商务总会一样由商部主持推动，其管理也由商部负责，区别是商务总会设总理、协理各 1 名，商务分会则仅设总理 1 名，经商会会员或商会董事会选举产生，然后禀告商部定夺。

对于商务总会与分会之间的关系，商部明确总会、分会以地方商务繁简为衡，而不是按照地方行政体制设立和相互隶属。商务总会与分会的关系也重在联络，不存在统辖关系，和地方行政隶属关系完全不同。按照商部的规定，商务总会与分会之间在人员经费等方面均不存在重叠关系。这种联络关系主要体现在商务总会在商部与商务分会之间的联络沟通作

丝绸工业遗址

用上。例如设立商务分会，则必须由商务总会转呈商部，再由商部核夺批复，颁发关防图记样式，饬交分会自行刊刻启用。再如，商务分会必须按季将商务情形及年底将办公经费以及所发生的寻常事件先报给商务总会，然后由总会转禀商部核夺。而商部有关规定和对商务分会发出的指令也经由商务总会传达。但如果商务分会遇有紧要事宜或当地未设商务总会，则仍准许商务分会直接禀报商部。这样做能使商务分会成为一个相对独立的组织，较少受商务总会的牵制，更要紧的是，可避免商务总会的权力和实力过大，使之不至于削弱官府对地方的控制。但实际上，江苏的商务总会与分会之间的关系常常逾越商部章程的规定，变成事实上的统辖和上下级关系。

商部将江苏各地商务总会、分会的关系，按照行政区域参合形势利便的原则分配为：苏州、松江、常州、镇江四府及太仓直隶州的各商务分会，参酌隶属苏州商务总会或上海商务总会；江宁、淮安、扬州、徐州四府及海州直隶州的各商务分会，权隶属江宁商务总会；通州、崇明、海门等处花布分会，仍隶属通崇海花布商务总会。此后如有因地制宜之处，则不妨随时

江南春早

酌定，以期变通尽利。如此安排使得江苏各地的商会组织成为一种以各商务总会分别牵头、缺乏明确规定性、弹性很大的松散联盟。在实际的交往中，商务分会会员往往认为商务总会远比商部更为亲近、实在和富有实际的权威性，因而愿意将分会从属于总会的领导之下，比如苏州府属各县就有梅里、平望、江震、盛泽、常昭、昆新等商务分会。常熟梅里镇联合常熟东部18乡镇设立梅里商务分会，此为苏州府第一个商务分会。梅里商务分会致函苏州商务总会时，就自称为苏州商务总会的“支会”，要求向苏州商务总会请领图章。平望分会在试办简章草案中规定入会会费9元，其中6元缴苏州商务总会，3元为本分会的经费。这些说法都被商部当作“不当之言”加以纠正，但实际上反映的是商务分会奉总会为领导和上级的意愿。在商务分会成立后，遇到内部纠纷和难以决断处理的事项，往往求助于商务总会。在各种重大的经济活动和政治事件中，商务分会更是会向总会征询行动方针，接受指导。

商务分所的设立源于苏州商务总会所参酌隶属的锡金商务分会总理周廷弼的建言。1906年，锡金商务分会总理周廷弼禀告商部，他认为设立商会就是为了联络商情，因而建议自上而下健全商会系统，畅通联络呼应的渠道和范围。他分析道：“惟大多数之联络，必积小多数之联络以成之，积村堡以成乡镇，积乡镇以成县邑。苟乡镇之商不能互相联络，则居县邑而言联络，非失之范围狭小，即失之呼应不灵。”他进一步提出：“就各乡镇凡有商铺荟集之处，次第筹设分会之分会，藉广联络，而资调查。此项乡镇分会，统隶属于县城分会，分之则各自为部，合之则联成一气。譬如身之使臂，臂之使指，部位分明，血脉联属，毫无扞格不通之弊，然后可实收联络之效。”很显然，商人希望大至商埠、小至各州县镇乡村，商家均能紧密联结。商部同意了他的建议，将“分会之分会”定名为商务分所，规定“嗣后各府州县中，如已设立商会，而各村镇尚有续请设立者，即令定名为商务分所，与各该处总、分会设法联络”。商务分所由公举的会董主持日常事务，不选总理，也不颁发关防图记式样。苏州各商务分会下设大量商务分所。如江震商务分会所属分所就有同里、震泽、北厍、横扇、黎里、周庄、北坼、南麻、莘塔、芦墟、梅堰、章练塘共12处。一般的商务分所规模较小，结构也简单，会员一般10人左右，议董一般3名左右，公推1名所长（或称所董）主持会务。商务分所与商务总会、商务分会的联系更为紧密。

这样，清末的商会最终形成了商务总会、商务分会和商务分所的三级组织体制，分所隶属分会，分会隶属总会。尤其是在市镇经济发达的苏州，苏州商务总会、各商务分会及其各商务分所，相互之间宗旨相同、规章一致，组成一个层层统属、不可分割的有机整体。

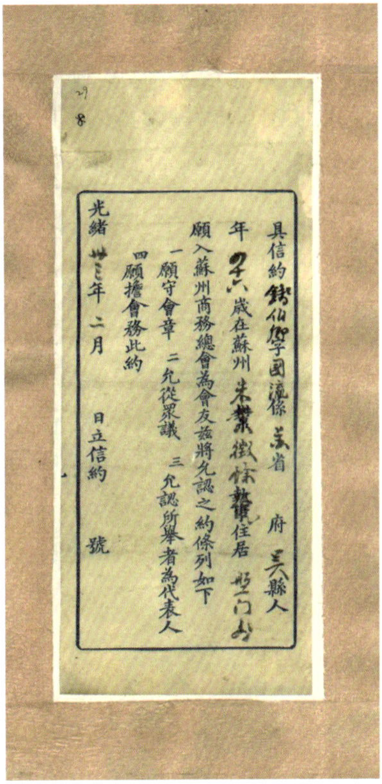
具信約　　省　府　縣人
年　歲在蘇州　住居
願入蘇州商務總會為會友茲將允認之約條列如下
一願守會章　二允從眾議　三允認所舉者為代表人
四願擔會務此約
光緒　年　二月　日立信約　號

信约

马敏指出："历史名城与近代通商口岸相结合，赋予晚清苏州商会以典型意义。传统与近代化的冲突与融合、排拒与消化在苏州商会均表现得十分突出。"苏州商会的基本职能是经济性的，苏州商会组织的迅速发展大大提高了工商界的组织程度，得到了日益向往经济近代化的工商界人士的殷切期望和充分信任。商会比较其他社团具有合法性、稳定性、自我调整快、辐射能力强的优点，在当时官与商、商与商、华与洋等多边复杂关系的协调中可以有所作为。商会还以在野社会团体的身份去承担本应由政府进行的事务，诸如关心市政建设、热心社会公益、商事公断等，商会因而不仅有自己法定的组织建构和网络，还与其他林林总总的商人组织有着密切的联系。不仅如此，商会还与社会教育、体育、卫生、消防、慈善、宗教等多种领域的社会团体存在人员方面的重叠交叉，也存在关系上的统辖隶属。这些社团中有许多还将商会视作当然的领袖团体。而且，商会面临的许多直接或间接影响民族工商业生存和发展的内政外交事件，也迫使它从维护民族工商业利益出发出面表态或进行干预,从而使其会务活动常常越出经济职能,而伸展到政治、教育、地方自治、理案、社会公益等方面,由此针对各种窒碍商务发展的问题,有限度地行使其他方面的职能,进行排解、协调。苏州商会还与全国各地商会尤其是江苏省内的商会联系密切。上海商务总会由于在全国的地位较高,实际居于全国商会之首,有登高一呼、应者云集的影响力。苏州商务总会与上海商务总会保持着较为密切的联系,联通一气,因为商部在上海专门设立机构,商部右参议杨士琦等留沪专门办理推广商务事宜,苏州若需要向商部反映、沟通,前往上海更为便捷。同时,苏州、南京是江苏省的政治中心,各有巡抚衙门或总督衙门,所以包括上海在内的商会人士也需要到苏州、南京与地方官府、督抚大员交往。

苏州绅商群体的形成与商会组织的发展是一个互为推动的过程。绅商的活动促进了商会的成立,而商会的纷纷设立又成为绅商阶层正式形成的重要标志,同时商会的设立还为广大绅商提供了一个广阔的发展舞台,使绅商的社会影响力开始从大城市延伸到中小城镇,苏州绅商在苏州近代社会变革中扮演了重要的角色。

附录:商部为设立苏州商务总会谨奏皇上皇太后(光绪三十一年十月初八日)(1905 年 11 月 4 日)(《苏州商会档案丛编》第一辑第 10—11 页)

谨奏。为苏州商务繁要,遵章设立商务总会,并请发给关防,俾昭信守,恭折仰祈圣鉴事。

窃臣部前据苏州绅士五品衔翰林院编修王同愈等呈称,方今五洲互市,轮轨交通,环球各国纷至沓来,莫不以辟埠通商为职志。……提纲挈领,保卫维持,俾商务日有进步者,实为(维)商会是赖,亟应遵照商部奏定会章设法筹办。现苏城各业商人集议,先于省垣设立总会,祛平素隔阂之弊,辟公众乐利之源,以冀仰副朝廷整顿商务之至意,恳予照准等情。当经饬令举定会员,拟订详细会章,呈部核夺办理。兹复据该绅士等呈称:……

臣等伏查江苏一省，上海商务总会设立最先，苏州地系省城，虽距沪较近，惟迩来开埠通商，复为沪宁路线所经，水陆辐凑，商货流通，市面益臻兴盛，自宜按照奏定商会章程第三款内开"凡属商务繁富之区，不论系会垣，系城埠，均为应设总会之处"等语，设立商务总会，以维商业。兹据该绅士等公举会员，拟订会章，呈请到部。臣等详加查核，所拟暂行试办章程八十条，组织完备，条理秩然，尚属可行。所举总理、协理各员，亦均系素孚众望、商情熟习之人，堪以胜任，自应一并照准。至请发给关防一节，查上年上海、天津，本年江宁、厦门、广州等处设立商务总会，迭经臣部奏明发给关防有案，苏州事同一律，应准援照成案办理，拟即刊刻木质关防一颗，文曰"苏州商务总会关防"，发给应用，俾昭信守。除该会总理、协理各员由臣部分别札委并分咨两江总督、江苏巡抚转饬地方官随时保护外，所有苏州设立商务总会并请发给关防缘由，理合恭折具陈。伏乞皇太后、皇上圣鉴。谨奏。印。

野荸荠茶食铺的品牌保卫战

沈大栋

说到苏州茶食业界的老字号，都知道稻香村、采芝斋和叶受和，其实苏州最古老的茶食业老字号是野荸荠茶食铺，虽然这家茶食铺在日寇侵占苏州时被毁，但它在南浔开的分店至今仍在营业，如此算来它已经有260余年的历史，也算得上是几朝元老了，现今苏州的有些耄耋老者也还念叨着它的美味呐！

荸荠传奇书铭号　福财济民示亲民

野荸荠茶食铺始创于清代乾隆十年（1745年），店主沈氏祖籍安徽，在清朝刚入关建立统治不久后的康熙初年，为避开频仍的战乱和旱涝灾害，随着安徽移民江浙的大潮，经由浙江湖州迁到富庶安定的苏州府，选择在苏州古城中的大郎桥巷置地建房，并取号“述旧堂”，以商谋生。经两三代后人的打拼，终于在临顿路钮家巷北首建房设坊，筹开了一爿茶食店。

这家茶食店的字号来源有点传奇色彩。据传，当时在钮家巷北首建房设坊开挖地基时，挖出了一块带尖的扁圆形大石头，奇特的是，这块石头的表面呈赭红色，晶亮光润，状似珍宝，不知是啥末事（什么东西）。当时民间遇到怪异事体的时候，通常都会到道观庙宇去求签问福，于是就到道观里求卦卜，意外的是中得了个上上签，道观里的道士解释说这块石头像个大荸荠，是吉祥如意和幸福发财的象征。挖地基挖到吉祥物，不能不说是额角头高、运道好。

苏州地处水乡泽国，物产丰饶，盛产荸荠。据许云樵《姑胥》记载，苏州城东葑门外的车坊特产一种“虎口荸荠”，因其个儿大，有常人虎口大小，而且味甘甜嫩，清朝时被列为贡品，民间曾有“天津鸭梨儿不及苏州大荸荠”之说。还有一种更为夸张的说法是，这种“虎口荸荠”运到北京时身价倍增，每只竟然能卖到三钱银子，这就难怪苏州百姓要把荸荠视作财富的象征了。

野荸荠

也因为荸荠有吉祥寓意，所以老苏州的民间习俗是在除夕年夜饭里总要放进几枚熟荸荠，吃年夜饭时就要“掘元宝”，谁挖到了“元宝”荸荠就有了福气发财的幸运。借这个好兆头，茶食店就有了个吉祥名号“野荸荠茶食铺”。

野荸荠老招牌

沈家店主是个务实的商人，他取“野荸荠”作店名，还因为看中了野荸荠的实用特性。荸荠又称马蹄，还有芍、凫茈、地栗、黑三棱等别称，是生长在水田里的多年生草本植物。在百姓眼中，荸荠是可口的美食，它那扁圆形的地下茎皮薄柔嫩，肉质洁白、脆嫩多汁，清甜爽美，可以当水果吃，有“地下雪梨”的美称。荸荠又能作蔬菜用，是不少美食的好配料，能做成宫保荸荠鸡丁、荸荠肉片、拔丝荸荠、山楂马蹄汁等等美味佳肴。荸荠提取的淀粉又是厨艺中勾芡的好原料，做狮子头更是需要荸荠增添风味。荸荠还是百姓度荒的救命食品。在南方，遇到灾荒年岁，饥民往往会到野外沼泽中挖掘野荸荠充饥，熬过难关。

荸荠有这么多好处，形状又如元宝，用它作为店招，既吉祥如意又表达济民亲民的办店初衷，“野荸荠茶食铺”的名气很快就响了起来。

诚信经营创品牌　业界首席野荸荠

清乾隆十年(1745 年)野荸荠茶食铺正式开张纳客。由于述旧堂沈氏先祖一贯以“货真价实、讲究精致、推陈出新、诚信经营”为办店方针，在产品的创设、制作上下足功夫，无论是原料的选取、制作工艺、外观口感，无不经心践行，务求精益求精，经过几代人打拼，终于在设店近百年后的清道光初年，在述旧堂沈氏第六代沈惟馨任店主时，重建和扩大了店铺，创下首入名店、名牌之誉，成为当时苏州府茶食业界的首席。在沈惟馨的苦心经营和推陈出新下，野荸荠茶食铺有了不少主打产品，肉饺、楂糕、云片糕、猪油糕、熏鱼以及炒货和其他各类干湿蜜饯都深受欢迎，尤以饼饺最为有名，它是店主对鲜肉饺的创新。鲜肉饺也叫文饺，卷边包馅，长条似眉状，采用典型的苏式糕点酥皮馅心技艺，以鲜肉为馅，鲜香可口，热吃时口味最佳。野荸荠茶食铺的话梅、青梅、陈皮梅、苏橘饼、拷扁橄榄等蜜饯更是包办了苏州府进献朝廷的贡品。

清咸丰十年(1860 年)，太平天国忠王李秀成率部攻克苏州，苏州知府逃离，苏州古城西部损毁最为惨重，闹市阊门一带被战火化为废墟，位于城东的野荸荠虽然得以幸免，但是店堂中的镇店之宝荸荠石头却不见了踪影，店中货品也备受掳掠。好在李秀成鼓励商人恢复营业，提倡兴市，而且太平天国的不少王府都建在古城东部，城东人口仍旧稠密，购买

阊门吊桥

力也比较强，观前闹市和临顿路的商铺在短暂的歇业之后很快便恢复了营业，野荸荠也在艰难中维持。同治二年（1863 年），清军借助上海戈登洋枪队的力量“收复”苏州，与太平军发生了一场恶战，苏州的商肆又遭重创，述旧堂第七代沈景堂带着第八代沈世禄辛勤打拼，才使野荸荠恢复了元气。

沈世禄是一名监生，他比一般的商人多了不少儒气和胆气，而且特别爱动脑筋，他在发展原有优势产品的基础上，又推出了酒酿饼等新品种。酒酿饼不仅味美可口，而且兼具药性，品种多样，有溲糖、包馅和荤素之分，馅心又有玫瑰、豆沙、薄荷等好几种，甜肥软韧，油润晶亮，特别诱人食欲，一到春天，酒酿饼出锅的时候，一条街都是酒酿的芬芳，香甜醉倒四方，野荸荠茶食铺门口更是食客如潮。在沈世禄的精心打理下，野荸荠的生意更加兴旺了。

野荸荠的橘红糕也是名闻遐迩。它的制作原料是本地生产的上等糯米，淘干净后让其吸水胀润。将河沙炒热，加入吸了水的糯米一起炒熟后，再经多次筛选去净河沙，然后将米磨成粉，成为制糕用的元炒粉，制成的粉需存放半年以上才能延长保质期，防止做出的糕发硬。橘红糕的染色原料也是纯天然的，它的橘红色来自白雀、道场山一带的新鲜玫瑰花，将玫瑰花用糖腌制作香料，配上植物“胭脂”染成的“苏双”，冲开水后作色素。在一定温度下（现在用温控加热锅）慢慢搅拌元炒粉，同时逐渐添加白糖、玫瑰花酱、橘皮、红曲米粉，按照一定比例和成面团。糯米粉面团放在案板上，为防止散热过快影响制成品质量和成型，要采取保温措施并趁热成型。先将米粉面团分块擀成厚 1 厘米左右的面片，再切成 1 厘米左右宽的细条，搓成圆柱形，再切成 1 厘米长的颗粒块状并拌上绵白糖，冷却后就成为形态大小均匀、整齐，色泽浅红，口感细腻、绵软、柔韧，甜味纯正，带有玫瑰花和桔子香味的橘红糕。橘红糕小巧玲珑、糯软不粘、鲜甜不腻、玫香甚浓、入口即化，野荸荠的特殊技艺使自家店所生产的橘红糕存放 20 多天都不会发硬，而其他商号虽也能生产橘红糕，却放不了几天就发硬了。

橘红糕

定升糕

定升糕也是野荸荠茶食铺的主打特色产品。它的制作工艺同样很考究。制作定升糕的原料是用本地上等糯米淘洗干净沥干水分后磨成的粗粉，再将糯米粗粉、白砂糖、糖玫瑰等辅料混合，严格掌握用水量，和好后的半制品必须再存放一天才可使用。制作时将和好的粉料放入用樟木雕刻的模具内，加入果料、猪油丁、豆沙等，再在上面加粉料刮平、摁实，用蒸汽蒸制，每个模具每次只能蒸制一只，所以很耗费工时，有时在销售旺季就可能供不应求。野荸荠茶食铺制成的定升糕糯软玫香，红粉油滋，独具风味。

野荸荠所产茶食的包装也是很考究，用现在的话来讲，就是采用绿色环保的包装材料。一般包扎都很精细，店中伙计的包扎技术也很见功底。通常的包扎形式有方包、棱角包、和合包、荷叶包等，在包的上方要放一张印有商店铭号的红纸封贴。此外还备有较高档的礼品包装，大都以竹材为主，做成竹篓、竹篮等，并加贴大红金字封贴，更显富丽堂皇。而在家中待客则放在瓷碟中，这些瓷碟形状各异并成套，可组成方形或圆形盒式果盘，一般一套碟有五只、七只或九只碟子以方便应用。除瓷质碟子外，更有用红木甚至镶嵌贝、珠、玉等名贵材料的高档果盘。近年来，更有用纸板压制成型的七格或九格果盘，随美味茶食赠送，深得顾客欢迎。

勒石永禁传佳话　全国首例反假冒

在述旧堂沈氏几代后人的努力下，野荸荠茶食铺成了苏州古城内茶食业的翘楚，其茶食产品由于选料考究、制作精细、货真价实，在苏州茶食市场上享有盛誉，于是便常有一些投机取巧的店家假冒野荸荠牌号在市场上招摇撞骗，图谋暴利。其中最有名的当数邹阿五假冒野荸荠牌号事件。

同治六年(1867 年)四月,在观前街开留香久茶食店的邹阿五,冒用野荸荠招牌在养育巷开了一家茶食店。当时的店主沈世禄得知后明查暗访,很快便查明了事实真相,并禀报官府稽查。沈世禄是前清监生,在社会上还是有一定地位的,苏州知府李铭皖不敢怠慢,立即立案调查,并派人前去处理,最后以邹阿五“知过悔悟遵换招牌”而了结此案。但沈世禄想到将来“恐再有无耻射利之徒仍蹈前辙,假冒牌号,添字增记,混开纠缠”,于是请求苏州知府“勒石永禁”,杜绝假冒牌号事件的再生。就在这一年的五月廿一日,苏州知府李铭皖正式发布告示——永禁同行戤牌。告示全文如下:

钦加盐运使衔尽先题补道特调江南苏州府正堂李为给示谕禁事。据吴县详,据监生沈世禄抱属沈忠呈称,窃生上祖在于长邑亨二图临顿路钮家巷口开张野荸荠记号茶食店铺,相传至今,百有余年,远近驰名,恐有假冒生店牌号,禀奉长廉示禁。讵今四月间,突有曾在观前街开张留香久招牌茶食店之邹阿五,胆敢违禁,假冒生店牌号在治养育巷开张。生因野荸荠牌号被冒,必有货物账欠纠缠,呈荷饬差查明押换,即据邹阿五知过悔悟遵换招牌具结呈案。伏思开张店业,全在货真价实取信商贾,不容冒用招牌以伪乱真,现在邹阿五虽已遵饬改换,诚恐再有无耻射利之徒仍蹈前辙,假冒牌号,添字增记,混开纠缠,有妨生业。再查苏城克复后,有青莲室纸铺、马德茂染坊恐人冒伊店号,业已禀奉府宪给示禁约,抄粘呈电为亟援案,禀求会同长元两宪给示谕禁,并求详请府宪一体给示禁约,俾得勒石永遵,以杜假冒而安生业等情,到县。据此,除会同长元两县示禁外,理合据情详请给示禁约,俾得勒石永遵等情,到府。据此,合行给示谕禁。为此示仰该店主及地保诸色人等知悉,自示之后,如有同业仍前,假冒野荸荠牌号,添字增记,开张图混等情,许即指名具禀,以凭提究,地保徇隐,察出并惩,其各凛遵毋违。特示。

同治六年五月廿一日

这个告示被刻在一块黑色石板上，竖立在钮家巷野荸荠店堂里，有了这个官府告示保障后，野荸荠茶食铺的生意越发红火。邹阿五冒名开店被查禁这一桩公案，堪称我国保护商标专利权最早的先例。

到了清同治末年、光绪初年期间，苏州野荸荠茶食铺在沈世禄的悉心经营下可谓兴旺发达，也带动了苏州茶食业的更大发展。在市场需求日盛之下，野荸荠的竞争对手已不只是一个邹阿五之流的假冒之类，许多同业的强有力的竞争者，如稻香村（始创于 1773 年清乾隆三十九年）、采芝斋（始创于 1870 年同治九年）等已遍地鹊起，尤其是创办于清光绪十年（1884 年）的叶受和发展迅猛，大有要压倒野荸荠和已早先开设的稻香村等老字号的势头。叶受和的老板是宁波商人叶鸿年，其先祖创办过比“红顶商人”胡雪岩的胡庆余堂还要早 112 年的叶仲德堂国药店，族人在浙江境内还有其他店铺，他本人则是由监生捐的同知。叶鸿年对叶受和的商标设计可谓煞费苦心，他在店内柜台上陈列了一个“丹凤”商标模型，这只丹凤口衔一枝稻穗、脚则踩在一只荸荠上，寓意是要吃掉曾经冷落过叶鸿年的稻香村（因购物时受到店员怠慢）、踩掉野荸荠茶食铺，这个标志直白地表露了叶氏想成为苏州茶食业老大的雄心，由此也可见晚清和民国初期时苏州茶食业竞争之激烈。

同业竞争更猖狂　造假冒名火烧身

到了清末民初，野荸荠已由述旧堂沈氏第九代后裔沈云翔和沈坚志主持。虽然有前清时代的“勒石永禁”，利益驱动下的假冒牌号也难以遏制，尤其是民国初期，政府根本没有权威，假冒野荸荠的情形反而愈演愈烈。为此，野荸荠的时任铺主沈坚志、经理人沈云翔于民国五年（1916 年）十二月二日，请吴县注册所给予注册，还特别写明野荸荠别无分号，并通过苏州总商会转请吴县知事公署颁发执照，以便“禀请保护”。该禀请书全文如下：

禀请书

禀请人野荸荠茶食铺主沈坚志、经理人沈云翔今遵商业注册条例开明左列事项，具书禀请注册，送由总商会查核，转递吴

县注册所照章注册给照保护，以安营业

谨禀

计开

一、商号　野荸荠

二、营业　精制各种茶食

三、商业主人之姓名住址　沈坚志，吴县人，现住苏城大郎桥巷二十六院门牌

四、商号所在地　开设苏州城内临顿路钮家巷北首，苏城并无分出

附缴注册费银三元

野荸荠

民国五年（1916年）十二月十五日，吴县知事公署以公函复文，发与执照一纸、公告一道，准予注册。全文如下：

吴县知事公署公函（五年吴字第二百零八号）

迳启者本年十二月九日准

贵会函开，案据野荸荠茶食铺店主沈坚志遵章具书禀请注册，前来核与商业注册条例相符合，将原禀请书连同注册非银一并函请查照办理等因，并附禀请书及注册费到县，准此。除遵章注册并公告外，相应填给执照一统函送。

贵总会查收转给另附公告一道并希实贴为荷。　此致

苏州总商会

计送执照一纸公告一道

中华民国五年十二月十五日

当时是民国初期，苏州市场的形势是逐步聚集到苏州观前街，尤其是观前街的东半部，那儿集中了稻香村、采芝斋、叶受和等许多著名的茶食商号。面临严峻的市场竞争，苏州野荸荠的营业有点江河日下，而南浔分

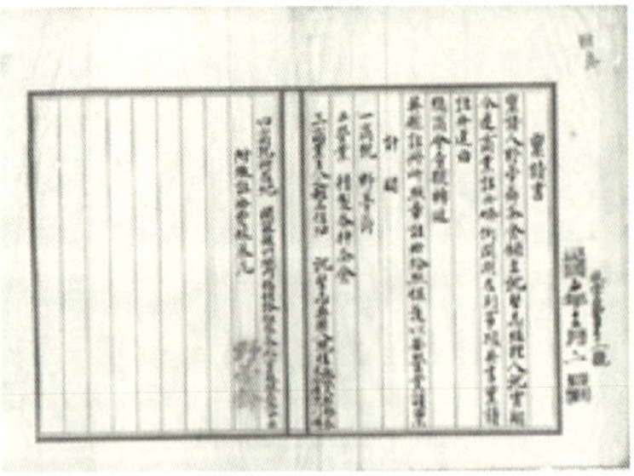

禀请注册书原件照片

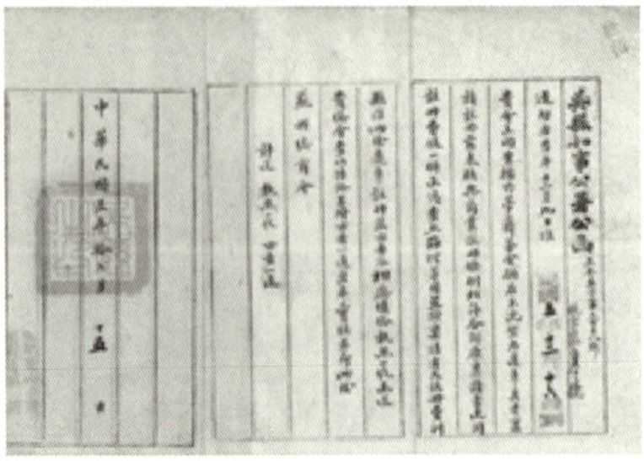

吴县知事公署公函原件照片

店的生意却蒸蒸日上，更需加大投入。在这种形势下，沈坚志决定卖掉钮家巷店房屋，争取资金流转，但也并未放弃苏州老店，因为苏州店毕竟是沈家根基所在，所以在肖家巷口租房继续营业。一方面肖家巷已直面繁荣发达的观东市场，有更好的商机，另一方面也有可盘活资金的好处，事实上这个决策确实在搬迁后发挥了作用，就这样，苏州野荸荠商铺就从钮家巷口北首搬到了肖家巷口重新开张了。为此，沈坚志于民国九年(1920年)请苏州总商会转向吴县知事重新申请注册，并得到吴县知事回函答复如下：

吴县知事公署公函　九年吴字第二百零八号

迳复者，案准

贵总会函开，案据野荸荠茶食号店主沈坚志声称，商店向来开设苏州临顿路钮家巷北首五十七号门牌，百有余年，并无分出，曾于民国五年依照商业注册条例，禀奉核准注册，给执商号注册第一类第十四号，农商部颁定执照在案，现于本年七月迁移本街临顿路萧(肖)家巷口五百七十四号门牌地址继续营业，仍旧并无分出，理合检呈原照，请求更正注册等情前来，查商业注册规则第七条，内载因其他事项禀请注册者，每次应缴注册规费银一元等语，相应饬据照缴规费，连同原照送请贵署注册所，希烦查照核明填注，并于注册原簿分别更正，仍祈发还给执等因，并附缴第一类第十四号执照一纸，又注册费银一元到县。准此，

除照章分别更正并将旧照存销外，相应另填执照函送，即希贵总会查收转给。此致

苏州总商会

计送执照一纸

中华民国九年八月八日

今日西大园

老店搬到肖家巷口重新开业后规模要比原来小了许多。沈坚志为了重振野荸荠在苏州的雄风，还专门制作了一个木头荸荠模型，放在柜台上以招揽生意。肖家巷口店开业后生意有所好转，但终因资金、精力和竞争力的缘故，苏州店无可奈何地日渐走向了下坡。

虽然执照有了，公告也贴了，但是不法商人根本无视民国政府的权威，假冒野荸荠的商店反而越来越多，真是屡禁不止，越禁越多。在苏州道前街、景德路、阊门马路、黄埭、蠡墅等地，甚至于上海都有冒名的野荸荠出现，或叫“老野荸荠”“老荸荠”，或自称“分号”，乱加什么“丰记”“义记”“仁记”等等，这些不法商家都想办法来傍着野荸荠这块老字号招牌，竞相招摇撞骗，甚至抢注“荸荠商标”。

更有甚者，如阊门外马路大亨罗锦堂，自称野荸荠因亏本难以维持，

被店主盘给了他，拟迁移老阊门外大马路，起名“老野荸荠（丰记）”重新开业，还公然在1930年11月26日的《吴县日报》上刊登如下广告：

苏城老野荸荠茶食糖果号声明露布

本号前于前清乾隆初年开设苏城临顿路钮家巷北首，已历一百八十余年，承蒙各界赞许，因此地点不宜，房屋狭小，暂行停顿，今庚迁移老阊门外大马路，交通便顾客起见，新屋落成，重行开幕。

并又于1930年12月18日在《大光明》报上再登开幕广告声称：

老野荸荠茶食糖果号

新屋落成，大廉价三星期，古历十月廿三日（新历十二月十二日）开幕，地址阊门外大马路。

而后，因大亨罗锦堂“事务繁忙，无暇兼顾”，乃于民国廿二年（1933年）三月一日将野荸荠作价转让给丹徒大路李家村人李瑞禄经营，店号“丰记”被改为“义记”。民国廿五年（1936年）元月二日凌晨二时三刻，“义记”因电线走火而遭“回禄之灾”，以歇业告终。

罗锦堂宣称它的“老野荸荠（丰记）”是1930年从钮家巷北首迁移老阊门外大马路的，这显然是谎话，因为沈坚志已于1920年将野荸荠迁址肖家巷口租房经营，并于同年请苏州总商会转向吴县知事重新申请注册，并得到吴县知事回函答复。而民国十二年（1923年）秋出版的《红杂志》第五十五期朱枫隐《饕餮家言》一文有“野荸荠在临顿路之钮家巷口，今迁萧家巷口”的记载，也可以佐证。罗锦堂把十年前即民国九年（1920年）已搬到肖家巷口的野荸荠，却又搬到了十年后（即1930年）的老阊门外大马路重行开业，把真实时间都颠倒了十年，这充分证明了罗锦堂的声明是无中生有的造假冒名。罗锦堂想为自己的“老野荸荠”正名搞的拙劣噱头还真欺骗了不少人，包括当时一些知名文人和报刊，如莲影发表于民国二十年(1931年)的《苏州的茶食店》一文也说："若野荸荠，数年前因亏本收歇，不久复开张于阊外马路矣。"(载《红玫瑰》第七卷第十四期)直到现在，苏州的一些报刊还在刊登野荸荠转让于罗锦堂的文章。

从民国二十四年(1935年)十二月十九日，吴县茶食糖果业同业公会会员名册上的登记表可以看出，野荸荠茶食铺这个老字号在当时是个香饽饽：

吴县茶食糖果业同业公会会员名册

二十四年十二月十九日

公司行号牌号	营业主人或经理人姓名	年龄	店员人数	店址所在地
野荸荠	李瑞禄	五〇	九人	阊门外马路579号
老野荸荠	顾家振	五六	六人	道前街23号
老荸荠	钱映泉	四三	二人	景德路251号
野荸荠	叶宝初	四六	三人	蠡墅镇

这些店家的做法，用现在的眼光来看都是"傍名牌"，打了擦边球，可见那时野荸荠的市场影响力有多大。

面对这样的假冒名牌潮，沈坚志承受了巨大的压力。他是个精明的商人，生性极为严肃而内敛，连他的至亲都很少看到他的笑容，但他却是一个爱名、爱家和非常爱子女的人。按老传统，大名是父辈、祖辈按家谱排序起的名，而字和号是可按个人喜好自起的名号。沈坚志在家谱上是"曾"字辈，名曾铿，他自号"坚志"，可见他是一个意志多么坚强的人。他决不可能让已有近两百年历史的祖传产业毁

沈坚志画像

今日野荸荠店墙上的松鹤浮雕

在自己手中，否则他上对不起祖宗，下对不起子孙后代。所以在苏州茶食业竞争剧烈，而家中又因增建住房和子女婚嫁急需钱的困难时刻，他缩减了苏州店，租房也要在肖家巷口开设店铺，即使赚不到多少钱也要维持生产经营，因为他觉得苏州的祖传产业决不能在自己手中毁掉，从这一点判断，他不可能转让和默许别人侵占老店的名号，这从他每次申领牌照以及迁址换照都在有关呈文中强调“并无分出”一辞即可见他的良苦用心。至于为什么面对罗锦堂和其他这么多的假冒者，沈坚志没去官府告状打官司，可能有两个考虑：一方面是罗锦堂何许人也？是马路大亨，是格老掐辣（老练的人），门槛精（精明）得勒，他用的是“老野荸荠”牌子，多了个“老”字，而且虚构了根本已经不存在的野荸荠钮家巷店铺迁移到老阊门外大马路的噱头，以虚构的事实把自己的店铺说成了百年老店，故意将错就错。在当时政令不清、贪腐横行的民国时期，他这一招还真管用，沈家虽有打官司跟罗锦堂辨真伪的心，但是打官司毕竟要花很多钱，野荸荠已没有了早先的经济实力，实在折腾不起，况且和大亨罗锦堂打官司的结果可能也难有什么说法。再退一步说，这时野荸荠南浔店的生意称得上很红火，沈坚志大部时间都在南浔营生，肖家巷口的苏州店也只不过有五六个伙计，仅似乎维持而已！更谈不上和罗锦堂打官司了。不过好在苍天有眼，不多久，阊门外大马路的老野荸荠“义记”毁于电线走火，沈家人便将此归结为“老天报应”，是罗锦堂“作孽”（罪过）的下场。

今日南浔东大街上的野荸荠

老店重生逢盛世　荸荠回归老字号

早在苏州观东市面开始兴起之初，沈世禄审时度势，认为只有开拓市场才是生存之道，而这时苏州的茶食业已经遍布城乡，于是他把眼光放到了先祖南迁曾驻足过的浙江南浔古镇，他和弟弟沈鹤峰一起到南浔古镇寻觅商机，于清光绪八年（1882 年）在南浔东大街开设了一家分店“野荸荠茶食号”，由沈鹤峰主持，并将店名加标“鹤记”，它也是苏州“野荸荠茶食铺”开设的唯一分店。由于南浔古镇地处丝绸鱼米之乡，商工发达、文化荟萃、豪绅聚集，所以生意一直很好，野荸荠的产品深受杭嘉湖地区各界欢迎。

1937 年 11 月，日寇侵占苏州，肖家巷口的野荸荠店铺被劫一空。与此同时，南浔镇也被日寇侵占，大火烧毁了整个东大街，野荸荠南浔店也焚为灰烬。沈坚志再也无力回天，在时局稍为平稳后筹资重建了南浔店，而苏州店从此被迫关门歇业。

1949 年新中国成立，1956 年公私合营席卷祖国大地。沈坚志已于 1954 年病逝，南浔野荸荠也已由述旧堂沈氏第十代沈榦伯主管，他也签字申请了公私合营，合营后的野荸荠商号与沈家再没有任何关系。南浔野荸荠虽经公私合营、国企转制等坎坷经历，但至今仍在营业，改革开放给了它生机，野荸荠得以继承传统工艺继续生产橘红糕等，现今人们仍然可以在南浔买到，或通过网购等买到这些美食。

这里最后要说的是，虽然野荸荠过去早已确立了名店地位，但并没有自己的注册商标。据中国商标信息中心网报道，过去农产品注册商标几乎是空白。野荸荠没有自己的注册商标，反而是在上海有一家傍着野荸荠的名号的“老野荸荠仁记茶食品”。在 1933 年当时的实业部编印的《东亚之部商标汇刊》上出现了被它抢注的“荸荠”商标，而沈氏老店则反成了无商标者。令人欣慰的是，南浔野荸荠已于 2005 年注册了“野荸荠”商标。经过 260 多年的风风雨雨，野荸荠终于有了自己的“荸荠（品牌）”。

附文：苏州野荸荠食铺的前后两个店

沈大栋

苏州野荸荠茶食铺在苏州经营的 193 年间（1745—1937 年），其店铺都在临顿路上。最先是在钮家巷口北首始创，共在此营业了 175 年，只是在其后期才迁到肖家巷口北首设店，也就只经营了 18 年。

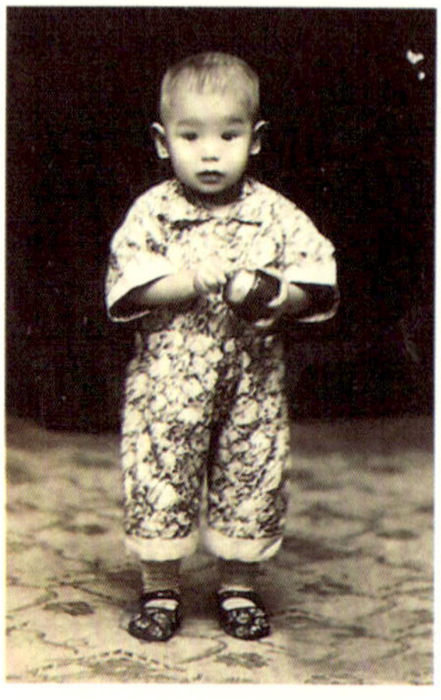

作者周岁照

清初年，苏州临顿路及其以东属长洲县管辖，这一带也是达官贵人聚居之区，在当时应是市况比较富裕之地。我家先祖自清初期在康熙初年南迁后定居苏州以来，就一直是在靠临顿路南首的大郎桥巷建宅定居。由此在选择店铺地址的时候，就很容易地选择了当时商贾比较繁荣的临顿路地段。乾隆初年，在建店挖地基时因挖出一块状似荸荠的石头，而给店铺起名叫野荸荠。这个店铺什么样，后人已无从知晓，只是听祖辈传说过是三开间门面，二层砖瓦结构，木板墙、木窗门

作者向收藏家捐赠老照片

脸，前店后坊，还有一个晒场，可见占地不匪。那块状似荸荠的石头则陈列在店堂中央，后在太平天国时期不知所终，后人都没见到过。至清道光年间，在几代人努力下，诚信经营，野荸荠在苏州市场上有了名气，有良好的商业信誉，以致苏州地方给朝廷的茶食贡品也由野荸荠代办。

此时店主是苏州述旧堂沈氏第六代传人沈惟馨，他大兴土木改造了钮家巷店铺，由三开间门面改造为更显宽畅的二开间大门面，使店铺更显畅亮。这个店铺门脸一直留传至民国年间，也就是到我们这一代（苏州述旧堂沈氏第十一代）小时候都还能看到的老店门脸。1920 年民国九年时，这处店铺房产被转让了，不知是转手给谁家了，但在我已懂事上小学时，因住在大儒巷、后又迁回老宅大郎桥巷，都离此处不远，每当要去商业中心观前街或访亲走过时，就会想起我爸妈曾告诉我这儿是我家老店原址，我走过总要习惯性地瞧一眼，或到店面去看看。那时，这儿是一个做饴糖（麦芽糖）的作坊，做工师傅将糖稀拉长，挂在一个立柱（棍子）上，再拉长，然后又挂到柱子上拉长，这样来回地拉着，糖稀条就慢慢由黄变白，成为一条长长的白色糖条，变得又稠又粘，然后又看到在师傅的巧手摆弄下做成造型各异的糖块，让我看得入迷，馋得我不时也要掏钱买几块尝尝。而每到过年，则必到这儿来买送灶神用的用饴糖做的白色糖瓜和金黄色的元宝，据说糖瓜甜，贡灶神是给灶神嘴巴抹上甜蜜，好让灶神上天汇报时多说好话。这个店铺总是只开着北边半拉，而南半拉从不开门，里面堆满了杂物，也许生意不算好吧！是不是还卖些什么别的我记不清了。实际上在我幼年时期也就是三十年代时，临顿路南段市况已是不很景气了，所以我家老店野荸荠在这个年代前也早早地往北搬到了靠北一些的肖家巷口北首去了。

阿姊和小阿哥在钮家巷旧宅

清道光年间，沈惟馨改建了钮家巷口北首的店铺，其后沈惟馨之子沈景堂等后代又继续大兴土木，改扩建了大郎桥巷的老宅。本来老宅只是几间平房，改建时把最靠里边的房子由平房改成为二层的内宅楼房，成为二边带厢房的四楼四底的砖木结构楼房。中间是天井，采光很好。这种布局本来是常见的三楼三底的格局，平面是凹字形结构。为什么成了四楼四底呢？原来在东房旁还盖了一间二层楼房，它的门就开在东房内，如果用一个大柜子把这个门挡住，那一般就不会想到里边还会有一间房子，因而这间房子就可以作为密室来用。据说在太平天国时期，家中女眷就都藏到了这里边以躲避战乱。我住过的苏州房屋很多都有这样的建筑结构，像我们租住的大儒巷端善堂潘家大宅的房子，就建有一条隔壁墙，它的西屋边墙是两层的，贯通西屋前后室，不容易被发现，两墙之间有一个一米多宽的夹道，门开在一端，如果用个柜子什么的挡住也是不易被发现的，可以用作藏人，看来这都是为躲避战乱而留下的遗痕。

在清中后期，苏州观前街已经逐渐形成为市面繁荣的商业街区，与苏州老阊门地区共同形成了苏州的两个繁华商圈。在茶食业界,后起之秀采芝斋和叶受和发展凶猛,已有压倒野荸荠和稻香村等老字号的势头。尤其是叶受和,这个宁波商人更是气势汹汹,在柜台上陈列了一个“丹凤”商标模型,是一只大鸟,它口衔一枝稻穗,脚踩在一个荸荠上,寓意是要吃掉稻香村、踩掉野荸荠,可见当时茶食业界竞争之剧烈。在这种形势下,野荸荠店铺在临顿路上向北迁徙了百余米,在肖家巷口租了一间店门面营业,基本上是直面观前街以求取得更好的商机。

野荸荠肖家巷口店的店面和纽家巷口店完全不一样,它更像是一个大宅门,乍一看店面更像是一个中药铺。门面是石库门,两边清水方砖墙铺面,镶嵌着松鹤图案。门眉顶上悬挂着横匾“野荸荠茶食铺”黑底金字的招牌。进门长方形的店堂,显得稍暗。店堂后是带顶盖周围为玻璃窗的天井,显得很亮堂,采光主要就靠它了。店堂内柜台呈 L 形,黑底金字的招牌竖立在前台靠墙的一头,招牌前柜台上就陈列着复制的木头荸荠模型。商品则陈列在侧面柜台和靠墙的货架上,而在店堂的走道上则有供顾客休息用的长条椅子,很人性化

院作为生产作坊,全店也就四五个人

较复杂的茶食则常常是从南浔店取

1934 年作者和小阿哥在
纽家巷志恒里前

肖家巷口店的开设虽然扭转了纽家巷口店在地理形势上的颓势,营业情况稍有好转,尤其是赢得了一些传统老顾客的光顾,但在上世纪三十年代苏州茶食业界的剧烈竞争中始终也没能再争得头筹,再铸野荸荠在清中期时那样的辉煌。当日寇侵华苏州沦陷时,肖家巷口店被掳掠一空,与此同时,南浔店又被日寇大火焚为灰烬。在这种形势下,我三叔祖父沈坚志和我

父沈榦伯，只能筹钱先把销售形势好的南浔店重建，恢复经营。而后顺理成章，苏州野荸荠肖家巷口店只能关门歇业了。

记得我小辰光也就是儿童时期，由于住在钮家巷离店铺不远，因而常跟大人们前去玩耍。我是我家的老拖俔子（最小的儿子），难免顽皮捣蛋，在以后的少年时期，在犯倔时常被我妈及比我大许多的哥姐责备。临顿路在观前街以东，当时是菜市场，我们家又搬到了大儒巷端善堂潘家大宅住，离此更近，我也常跟我妈去买菜，常走此段路，难免也常会经过已关闭了的肖家巷口店门口，因而时不时提及在此店的往事，所有这些均给我留下了难以忘怀的记忆。

（注：作者系述旧堂沈氏第十一代后裔，天津大学教授）

苏州洋炮局:李鸿章的强军梦

谭金土

苏州洋炮局,一个很陌生的名称,连很多土生土长的苏州人都不知道它是怎样的一个机构。

苏州洋炮局诞生于大清同治二年(1863 年)冬天,设在苏州原太平天国纳王府(今十全街南园宾馆)内。洋炮局并不是一个现代概念上的管理枪炮兵器的局级机关,而是一家制造现代枪炮的工厂。

根据已发现的史料可知,苏州洋炮局是苏州乃至中国第一家现代意

干将坊

义上的兵工厂，它全套购入英国阿思本军舰上的制造枪炮的机器，并聘请外国技师指导兵器生产，是中国第一个由洋技师指导并第一个使用洋机器制造兵器的兵工企业。

在清军剿灭太平天国余部和平息捻军的战斗中，苏州洋炮局生产出的枪炮子弹起了不小的作用。在苏州古城内，它与春秋时代生产冷兵器的干将坊遥遥相对，一时间，征战的将士们将“男儿何不带吴钩”的旧刀枪升级成了“将士争用苏州造”的新火器。

苏州洋炮局来也匆匆，去也匆匆：1863 年它从上海迁来，1865 年便搬离苏州，分迁至江宁（南京）和上海，分别并入金陵枪炮局和江南制造局。抗战时期又迁往重庆后方，新中国成立后分设西南各地，孕育了中国的现代兵工大产业。

苏州洋炮局对于苏州的历史意义在于，它在苏州古城第一次鸣响了蒸汽机器声。自 1865 年苏州洋炮局迁出苏州后，苏州城里的机器声沉寂了整整 30 年，直至 1895 年在盘门外的青旸地兴办苏纶厂，苏州城才再度响起纺纱机器的轰响，重新开始了苏州现代工业的艰难步履。

苏州洋炮局与李鸿章的强军梦

1853 年，太平天国建都天京（今江苏南京）。1860 年，忠王李秀成占领苏州，率军直指上海。为“保卫上海”，上海道台吴煦听信苏州人王韬的建议，聘用美国流浪汉华尔组织、招募的由外国流氓和华人组成的“洋枪队”，与上海周边的太平军作战。华尔的这支“洋枪队”有一千余人，拥有比较先进的西洋武器装备，因此打了几个胜仗，号称“常胜军”。

1862 年，李鸿章率领刚刚创建的淮军出任江苏巡抚，他深知“洋枪队”与太平天国起义军作战的优势就在于西洋“炮火绝妙精厉”，认定“只有用洋人的军火才能制服太平军”，决定用夷之技平定太平天国之“乱”。李鸿章跟上海方面达成协议：“常胜军”的饷银由淮军配发，编入他的正式军队，受淮军调度。1862 年 9 月，华尔在浙江宁波附近的一场战斗中被太平军打死，李鸿章遂与上海租界的英国军方协商，起用时年 30 岁的英国工程兵少校戈登为“洋枪队”统帅。

洋枪队在操练

1863 年秋，李鸿章统率的淮军与“洋枪队”攻克了常熟、太仓、昆山、吴江、江阴等地后，形成了对苏州的合围之势，戈登率领“洋枪队”用火炮把苏州坚固的城墙炸开了好几个缺口，此举引起了苏州城里太平军的恐慌。戈登又通过潜伏在太平军中的奸细引诱天平天国的纳王部永宽献城投降。经过一番秘密联络和策划，1863 年 12 月 4 日，纳王联络苏州城里的四王四将，砍下太平军苏州统帅、慕王谭绍光的头颅献给了清军，大开城门迎接清军入城，清军诱降成功，“兵不血刃”地拿下了苏州。可是李鸿章对投诚的太平军将领极不放心，怀疑他们是“诈降”，于是设计谋杀了在苏州的所有太平天国将领和众多太平军，演出了“苏州杀降事件”。为了安抚对“杀降”心存不满的戈登，李鸿章为戈登申请到了同治皇帝的奖赏——领提督衔、赐穿黄马褂、戴孔雀花翎，并将苏州盘门外的一座大木桥命名为戈登桥（原大木桥几经改建，新中国成立后改名为解放桥），以“表彰”这位“洋枪队”统帅为镇压太平天国农民起义作出的“贡献”。

然而李鸿章的这一手并没平息戈登和上海租界内外国人的愤怒和不满，上海的外国领事馆官员代表列强及外国侨民签署了一项严厉谴责李鸿章的决议，指责其杀降是对人性的彻底背叛，并警告说此事件很可能使列强不再帮助清政府，并可能撤回帮助清军打仗的洋兵洋将。不料此举反而促使李鸿章下决心彻底裁撤“洋枪队”。他在上书朝廷要求裁撤“洋兵”的请求中感叹“洋枪队”已成为“磨难星”，不但“月靡五六万金”，而且“随事要求，随时翻覆，鸿章百忍之而苦无一当也”，他的请求很快得到了朝廷的批准。

应该说，李鸿章当年网罗戈登的“洋枪队”编入淮军是有远大的战略眼光的，他看中了“洋枪队”的西洋兵器和新式练兵方法，不仅把“洋兵”混合编入淮军，更大批购入西洋兵器武装淮军，聘请洋人兵将当教习训练中国士兵使用洋兵器。到1863年底李鸿章攻占苏州时，淮军已发展到5万余人，而配备西洋兵器的淮军也达到3万人以上。当时，淮军配备的西洋兵器都是出高价向西方列强购买的，西方列强还时不时地对清政府搞武器禁运，淮军不得不通过地下渠道高价获取西洋武器，据说当时收买英国人从自己的军舰上偷来的一颗12磅炸弹就要花三十两白银，一颗破的铜帽也要十九两白银，由此可见用西洋武器来武装淮军花费之巨大浩繁。虽然李鸿章的淮军控制了全国的商业中心上海，税收可观，但时间长了，经济上也难以为继。于是，为了提高淮军的战斗力，李鸿章向清廷奏请自办军火工厂，自己生产枪炮。

此前，即1863年春，李鸿章的淮军曾在上海松江的一座古庙里，以榔头、锉刀、泥炉起家，建立了一个50人规模的上海炮局，不过，它纯属随军兵工所，规模太小，工艺落后，根本生产不出可以与西洋式武器匹敌的武器。1863年底发生的阿思本舰队事件让李鸿章找到了一个用洋机器生

阿思本舰队

产西洋枪炮的机遇。

阿思本舰队是清政府于同治二年(1862 年)从英国购买军舰并建立起来的,计有军舰 7 艘,费白银 80 万两,聘任英国海军上校舍纳德·阿思本(Sherard Osborne)在英国招募六百名官兵及水手组成了舰队,舰队遂以阿思本命名。舰队在 1863 年 9 月 12 日到达中国上海,18 日抵天津。期间,英国人和清政府在舰队的指挥权、用人及花费等各方面出现了严重分歧,经多次协商,清政府担心英国的军事力量在中国尾大不掉,不肯放弃指挥权,最终与英国人解除了合约,舰队官兵于是解散,军舰由阿思本带回伦敦拍卖。这年年底,阿思本舰队途经上海时,李鸿章派人与阿思本暗中做了交易,用4944 两白银买下了英国舰队"水上兵工厂"的机器设备。这时,李鸿章的淮军已经攻占苏州,为了避开英国人的耳目,防范英国领事馆的阻挠,李鸿章将这些制造现代兵器的工作母机悄悄运到了苏州,安装在纳王府中,又把松江古庙中的上海炮局的人马调到了苏州,建起了苏州洋炮局。

苏州洋炮局,纳王府的洋女婿坐镇监造

李鸿章

洋炮局的英国技师马格里

从阿思本舰队手中买得制造兵器机械的是英国人马格里,他生于 1833 年。1855 年,22 岁的马格里从军当了军医,之后到过克里米亚等地,第二次鸦片战争时随英国侵略军第九十九军团来到中国,到过香港、广东,1862 年他脱离英军浪迹上海,后来应"洋枪队"招募,来到李鸿章的淮军任教官。马格里长着满脸的络缌胡子,天生聪明,爱好钻研机械,引

起了李鸿章的注意，并与李鸿章交上了朋友。当淮军炮弹供应紧张时，马格里最早提议李鸿章办兵工厂，自己生产西洋枪炮。李鸿章担心造不出来，马格里便在兵营门外试制出了一枚开花炮弹，经过士兵的试用，证明质量可靠。李鸿章十分高兴，便委派副将韩殿甲、知州刘佐禹协同马格里在松江的一个破庙里筹建上海洋炮局，拨发了一笔银子，招募了五十个工人，马格里又找来了法国人勒日尼色等外国工匠，土法上马办起了兵工厂，做一些简单的兵器修理的活计，也生产小炮弹。

在马格里设法购得阿思本军舰上的洋机器后，李鸿章立即任命马格里为苏州洋炮局的技术总监，指导洋兵器的生产。据说马格里确实与苏州有缘。他在投奔李鸿章的淮军之前也曾经到过苏州，是太平天国纳王手下的一名洋兵，深得纳王的喜欢，纳王还将自己的女儿许配给马格里为妻，这对中洋夫妻在纳王府中举办了盛大的婚礼。后来纳王与慕王谭绍光不和，为了留条后路，纳王便纵容马格里带着妻子逃回了上海。时隔不久，时移事易，昔日的纳王府竟成了淮军的兵工厂，不知当年纳王府的乘龙快婿作何感想了。

苏州洋炮局用上了英国制造现代武器的工作母机，扩招了300多名工人，分为三个局（当时车间称作“局”），苏州洋炮局中有三个“局”，即分为三个车间，分别由丁日昌、韩殿甲及马格里主持，生产出了开花炮弹、自来火枪、田鸡炮等武器。1864年4月22日，英国人在上海发行的《北华捷报》上说：“马格里在另一方面又为他（李鸿章）出了很大的力。一年前他怂恿李氏创设炮厂，自任监督。经过许多困难，计划终于成功了。现在李抚台所统率的军队绝大部分的军火是由苏州兵工厂供给的。在阿思本舰队怫然回航的时候，马格里获得了从英国带来为供应中国舰队军火的一部分机器，他把这些机器很好地安装起来，现在每星期可以生产一千五百发到二千发的枪弹和炮弹。除了炮弹、药引及自来火之外，还造了几种迫击炮弹。不久的将来就要有毛瑟枪和铜帽加在产品的单子上了。这种工厂对于本省的贡献是难以估计的……”苏州洋炮局生产的炮弹有12磅、24磅、32磅等数种。12磅以下属轻炮，多用于野战，有效射程1000米，最大射程3500米；24磅以上属重炮，多用于近距离的攻城夺池。苏州洋炮局生产的短炮类似于今天的迫击炮，因其形状如发怒的青蛙，故又叫田鸡炮。

当初马格里从阿思本军舰上把兵工机器打包运到苏州时，对于如何安装这些机器也是束手无策，李鸿章来察看时，看到一堆堆铁家伙堆在工场上无法安装，便冷冷地说："恐怕都是些无用的废物，钱是白白地被骗了。"马格里请李鸿章别着急，并要求他没有接到邀请前一定不要再来。之后，马格里很快请英国军舰上的炮手和机械工程师来帮忙，终于把机器安装好了。当李鸿章接到马格里的邀请来主持洋炮局开工仪式时，马格里先请李鸿章巡视全厂，然后发出开机的信号，蒸汽机一声大吼，吓了李鸿章一跳。在蒸汽动力的牵引下，所有的机器跟着一起转动，李鸿章看到了一幅前所未有的工业景象，留下了深刻的印象。事后，他在一份给友人的信中是这样描述苏州洋炮局里的生产状况的："敝处顷购有西人汽炉，镟木、打眼、铰螺旋、铸弹诸机器，皆绾于汽炉，中盛水而下炽炭，水沸气满，开窍由铜喉达入气筒。筒中络一铁柱，随气升降俯仰，拔动铁轮，轮绾皮带，系绕轴心，彼此连缀，轮旋则带旋，带旋则机动，仅资人力之发纵，不靠人力之运动。"

洋炮局生产的短炸炮

苏州洋炮局的这座汽炉由马格里和刘佐禹负责操作管理。雇用洋匠 4 至 5 名，每月工资多者 300 元，少者 100 多元；中国匠人 50 至 60 名，每月工资多者 30 元，少者 7 至 8 元不等。每月所出大小炸弹，约有 4000 余个。

苏州洋炮局的另两个车间分别由丁日昌和韩殿甲负责管理，他们合用泥炉以及锉磨螺旋器皿等较简陋的生产工具，每炉需工匠 50 至 60 名。一局每日可开数炉，每炉可得炮子 50 至 60 个，工紧时日可得炮子 300 余个。工匠需 300 余人。匠目每月工资 20 元至 30 元，散匠 5 至 6 元至十余元。所出大小炸弹每月有 6000 至 7000 个，大小炸炮可得 6 至 7 尊。

铜帽及铜自来火引门均可仿制。所制产品的价格比购买洋货便宜得多，质量虽不及洋货之精，但略可使用。苏州炮局对于“尤为得力”的长炸炮还不能制造，只能制造短炸炮。受 18 磅弹之铁短炸炮，连架制就需 40 两银，受 48 磅弹之铁短炸炮，连架制就不过需 80 两银。炸弹大者须费 2 至 3 元，小者须费 1 元。这样的价格确实比购买外洋 12 磅炸弹要花掉 20 两银子是便宜多了。

苏州洋炮局得益于马格里的特殊贡献，马格里也就备受李鸿章荣宠，李鸿章专门上奏朝廷从同治皇帝那里为马格里请得了三品官的官衔，让这位英国来的洋技师也戴上了花翎、穿上了朝服。

苏州洋炮局的成功，使这座藏身苏州深巷中的小兵工厂名声远扬，身价百倍，几乎成了清朝的样板工厂。同治三年（1865 年）四月二十八日，同治皇帝专门派了火器营的护军参领萨勒哈春等官兵四十八员来到苏州洋炮局参观学习。李鸿章亲自安排，并专折回复同治皇帝说：“经臣酌派在丁日昌、韩殿甲及洋人（马）格里等三局分习制造，专折覆奏在案。”

昙花一现的苏州洋炮局

同治三年（1865 年）年底，丁日昌和韩殿甲主持的两个车间迁到上海，并入江南制造局；马格里的车间连同阿思本舰队上的机器搬到江宁，并入金陵枪炮局。存续了短短不到两年时间的苏州洋炮局，归于沉寂。

苏州洋炮局何以如此短命？史学家们众说纷纭。归纳分析大致有以下三种原因：

第一，1865 年 5 月，李鸿章调任两江总督，驻守江宁（今江苏南京），从上海枪炮局的初创到苏州洋炮局的兴旺，均是李鸿章一手策划和兴办起来的，它一直都是淮军的兵工厂，李鸿章要把这一现代化的兵工厂牢牢地掌控在自己手上。太平天国虽然被镇压，可是北方的捻军又起来造反，时局依然不稳，李鸿章深知掌握现代兵器的重要性，而苏州这个地方虽然水路交通便捷，但是没有天然屏障，城防并不算稳固，枪炮局设在苏州让李鸿章不太放心，坐镇江宁后的李鸿章需要可以随时亲自指挥调度的设备先进的兵工企业，苏州洋炮局就只有迁到江宁了。

第二，当年李鸿章安排丁日昌、韩殿甲参与创办和管理苏州洋炮局的目的是要他们两人向马格里学习操弄西洋机械的本领，比如李鸿章曾暗中指派丁日昌在上海密访外国机械。1865 年，有一位叫唐国华的海关通事恰好与人以四万两白银购得上海虹口地方的一家有洋人大机器的铁厂，这是一种可以用来修造大小轮船及开花炮、洋枪各件的进口西洋机器，唐国华因犯罪被革职，他表示愿将该厂购得的机器供李鸿章调度，以赎前罪。李鸿章向清廷具奏，说寻觅这样便宜的外国机器机会难得，而唐国华案又情有可原，唐愿报效军需以赎罪，亦有成案可援。清廷批准后，李鸿章便委派丁日昌和韩殿甲将铁厂的外国机器迁往上海城南高昌庙，在黄浦江边建起了江南制造总局，并把苏州洋炮局丁日昌和韩殿甲主持的两个车间的员工全部调到了江南制造局。当时上海有获取各种西洋机械及技术人才和信息的便利，苏州洋炮局在多项竞争中失去了进一步发展的优势，最终只能人去厂关。

配备西洋武器的淮军士兵

第三，苏州人的儒雅风范、保守思想、安逸生活态度或许是苏州洋炮局难以在苏州长存的重要社会原因。1860 年太平军占领苏州之前，苏州大批的有钱士绅大都席卷家中的金银细软逃到上海租界躲避战乱，1862 年底李鸿章的淮军“收复”苏州后，这些士绅也陆续回到苏州，他们过惯了小桥流水、咿呀软语、宁静优雅的安逸生活。在太平天国的都城天京被攻陷之前，苏州还时时处在农民起义搅起的政局动荡的日子里，苏州的士绅百姓们还能容忍从纳王府洋炮局发出的震耳欲聋的蒸汽机的轰鸣，而一旦天下恢复太平，过惯宁静日子的苏州人就再也不能容忍那蒸汽怪物的吼叫声了。苏州洋炮局所在的纳王府位于苏州十全街上，即现在的南园宾馆的位置。它紧靠着苏州府学——文庙，也紧挨着巡抚衙门，与沧浪亭和现在的网师园都是近邻，周边民房密集。洋炮局里蒸汽机的轰鸣声

文庙孔子像

和城墙边炸炮的试射声既让神灵们不得安宁，也让百姓们心惊肉跳，更搅乱了士绅们的优雅心绪。于是，士绅们不断地上书，要求洋炮局迁址，还苏州以宁静，苏州洋炮局的迁出也就势在必行了。所以，后世不少专家认为，苏州洋炮局设在太平天国纳王的府第是选址的一大错误，注定了它的短命。

通过苏州洋炮局的制造实践，李鸿章认识到发展机器枪炮局非进一步提高其机械化程度不可："鸿章以为中国欲自强，则莫如学习外国利器。欲学习外国利器，则莫如觅制器之器，师其法而不必尽用其人。欲觅制器之器与制器之人，则或专设一科取士，士终身悬以为富贵功名之鹄，则业可成，艺可精，而才亦可集。"李鸿章在办苏州洋炮局的实践中所获得的认知，是启迪他日后开展洋务运动的思想基础，为清末进一步对外开放、振兴民族工业作了一次预演和有益的探索。

苏州洋炮局是短命的，但它毕竟在一个极度封闭的以书香闻名的城市中轰鸣过现代蒸汽怪物的声浪，它的枪炮声给了封建遗老遗少们极大的灵魂震撼，也带给苏州市民视觉、听觉以至思维方式上前所未有的冲击。它留给苏州城的影响是久远的，也是深刻的。虽然苏州枪炮局迁出后的三十年里苏州城里一片沉寂，但它为迫于《马关条约》苏州开设商埠、开发现代工业提供了有益的历史经验。辩证地来看苏州洋炮局的昙花一现，苏州人的保守虽然也曾阻碍了现代工业在苏州前进的步伐，但从另一方面也为苏州古城的保护作出过贡献。如果当时的苏州以枪炮局为中心开发出一大批现代工业，拥有两千五百年历史的古城就不会是现在这个样子了。

闹猛的集市

需要说明的是，关于洋炮局的具体位置，因为时代久远，学界有三种说法：一是苏州十全街纳王府，一是桃花坞纳王府，三是胥门外纳王庄园。不管具体位置何在，它都曾是一百四十多年前苏州乃至中国的第一座具有现代意义的机械化兵工厂，是留给苏州乃至中国的工业史遗产。

苏州洋炮局军火生产从传统的手工制作转化为机械生产，这可以看作中国军火生产的一次革命，而军事工业的革命又常常是工业革命的先导，苏州洋炮局的成功给李鸿章的影响是极其深刻的，从李鸿章的《置办江南机器制造局奏折》中可以看出他对机器制造意义的新认识。如果说苏州洋炮局带给李鸿章这批清末上层官僚以工业启蒙，那么苏州洋炮局引导开创的上海江南机器局的兴建则象征了中国民族工业的起步。

附录：《两江总督李鸿章置办江南机器制造总局奏折》

暂署两江总督江苏巡抚臣李鸿章跪奏：为置办外国铁厂机器并局制造并访奉派京营之兵分起到厂学习恭折具陈仰祈圣鉴事。

窃自同治元年，臣军到沪以来，随时购买外洋枪炮，设局铸造开花炮弹，以资攻剿，甚为得力。上年春间，蒙总理各国事务衙门函询学制各种火器成效何如，当即详细具覆，以短炸炮与各种炸弹均能制造，其长炸炮及洋火药非得外国全副机器不能如法试造，现亦设法购求，以期一体学制。至于各项运用之妙，与洋人之贵重此器，暨日本视中国之强弱以为向背各情形，亦推阐陈明，总理衙门抄函恭呈御览。并以臣函中所言虑患防微，与该衙门所筹适相符合，宜趁南省军威大振、洋人未于见长之时，将外洋各种机器，实力讲求，期得尽窥其中之秘，有事可以御侮，无事可以示威语。于同治三年四月二十八日奏蒙谕旨，饬由火器营派拨护军参领萨勒哈春等官兵四十八员到苏，经臣酌派在丁日昌、韩殿甲及洋人格里等三局分习制造，专折覆奏在案。

查制造船炮、军火各种机器，有通用者，有专用者，若买制齐全，须数十万金；雇觅中外匠工，采购外洋铜铁木炭等料，亦需费不赀。臣处所设西洋炮局，其机器仅值万余金，不全之器甚多，只可量力陆续添购，以求进益。前由曾国藩派人赴英美各国探访该处船厂机器实价，臣并议及此物若托洋商回国代购，路远价重，既无把握；若请派弁兵径赴外国机器厂讲求学习，其功效迟速与利弊轻重，尤非一言可决；不若于就近海口，访有洋人出售铁厂机器，确实查验议价定买，可以立时兴造，进退之权既得自操，尺寸之功均获实济。拟饬海关道丁日昌在沪访购各制器之器已可购得若干，仍应添补若干，或宜另择妥行试办，容通盘筹议，略有端倪，方可人告。以上各情，均经节次函陈总理衙门，一面饬访购办。此臣处前此议办铁厂机器之原委也。

又去年十二月初九日，钦奉寄谕："昨据御史陈廷经奏绿营水师废弛，请饬整顿营伍制造军火一折，著曾国藩、李鸿章会同商酌，奏明办理。原折著抄给阅看等因，钦此。"遵查原奏所议军火一节，大意以"夷情叵测，恃有战舰、机器之精利，逞其贪纵。然彼机巧之器非不可以购求学习以成中国之长技，请于广东等处海口设局，行取西洋工匠，置造船炮，以期有备无患"等语。虽语焉不详，未得要领，而大致与总理衙门暨臣所筹议不谋而合；曾国藩平时亦持此论，自应遵旨商酌办理。

兹据丁日昌禀称：上海虹口地方，有洋人机器铁厂一座，能修造大小轮船及开花炮、洋枪各件，实为洋泾滨外国厂中机器之最大者。前曾问价，该洋商索值在十万洋以外，是以未经议妥。兹有海关通事唐国华，历游外国多年，熟习洋匠，本年因案革究，赎罪情急，与同案已革之扦手张灿、秦吉等愿共集资四万两，购成此座铁厂，以赎前愆。厂内一切机器俱精，所有匠目照旧发价，任凭迁移调度。其余厂中必需之物，如铜铁木料等件，另值银二万两，由该关道筹借款项给发采买，以资兴造，先行请示前来。当查唐国华一案，既情有可原，报效军需赎罪，亦有成案可援。此项外国铁厂机器，觅赎甚难，机会尤不可失，批饬速行定议，禀候分别具奏；并饬该厂一经收买即改为江南制造总局，正名办物，以绝洋人觊觎。其丁日昌及韩殿甲旧有两局，即将并总局，一切事宜，责成该关道丁日昌督察筹画，会同总兵韩殿甲、暨素习算造之分发补用同知冯焌光、候选知县王得均、熟谙洋军火之候先直隶州知州沈保靖，一同到局经理。所有出入用款，收发器具，稽查工匠，分派委员数人各司其事，分饬遵照支后。

旋据丁日昌等查造该厂机器物料件数清册，拟具开办章程，约有数端：

一、核计局用房租薪水及中外匠工等有定之款，月需银四千五六百两；其添购物料多寡不能预定，大约每月总在一万两以外。

二、查原厂所用之洋匠计留八人，期匠目料而一名技艺甚属精到，所有轮船、枪炮、机器俱能如法制造。现拟于华匠中留心物色，督令操习，如有技艺与洋人等者，即给以洋人工食；再能精通，则拔为匠目，以示鼓励。

三、现造洋枪器具尚未全备，已令匠目赶制全副，约大小四十余件，数月可以成功，如式仿制，即省功力。惟已制洋枪则必需铜帽，既得铜帽又必需洋药，皆系相因而至之物，不容偏废。但闻制药机器工料尤为繁重，容再设法购求，俾可推行尽利。

四、查铁厂向以修造大小轮船为长技，此事体大物博，毫厘千里，未易絜长较短，目前尚未轻议具办。如有余力试造一二，以考验工匠之技艺。其铸钱、织布、挖洞、犁田诸器，虽可仿制，但其法式同中有异，触类引伸，尚须考究，尤尚权其轻重缓急，庶不致凌足丽阔无序。

五、前奉议访以天津拱卫京畿，宜就厂中机器仿造一分，以备运津，俾京营员弁就近学习，以固根本。现拟督饬匠目随时仿制，一面由外购求添补。但器物繁重，非穷年累月不能成就，尚须宽以时日，庶免潦草塞责。

六、查本厂现在江口，每年房租价银六七千两，实为过费。兼之洋泾滨习俗纷华，游艺者易于失志。厂中中工匠繁多，时有与洋人口角生事，均不相宜，应请择地移局。

其他所议，如机器宜择人指授，工匠不令随意去留，费用实报实销，赏罚宜明定章程，以上各条，均属切实。

臣查此项铁厂所有系制器之器，无论何种机器逐渐依法仿制，即用以制造何种之物，生生不究，事事可通，目前未能兼及，仍以铸造枪炮藉充军用为主。月需经费，容臣随时于军需项下通融筹拨。如将来各种军器仿照洋式造成，所携甚便，即可省购买洋军火之贵。上海虹口地方设局，于久远之计殊不相宜，稍缓当筹款另建房屋，移至金陵沿江偏僻处所，以便就近督察。曾国藩采办西洋机器，候到沪后，应归并臣处措置。至前次派在丁日昌、韩殿甲两局之护军校达咙阿等四员，京营兵二十名，已饬入厂学习。其尽先参领萨勒哈春、副参领崇善等所带弁兵，本在苏州西洋炮局。该局机器与上海铁厂亦自同源，仍可互相观摩，惟此事形下不离形上，与规矩不能与巧，将来各弁兵所得之浅深，恐难以一例绳也。机器制造一事，为今后御侮之资，自强之本，总理衙门原奏言之甚详，已在圣明洞鉴之中。

抑臣尤有所陈者，洋机器于耕织、刷印、陶植诸器皆能制造，有裨民生日用，原不专为军火而设。妙在借水火之力以省人物之劳费，仍不外乎机括之牵引，轮齿之相推相压，一动而全体俱动，其形象固显然可见，其理与法亦确然可解。惟其先华洋隔绝，虽中土机巧之士莫由凿空而谈。逮其久，风气渐开，凡人心智慧之同，且将自发其覆，臣料数十年后，中国富农大贾必有仿照洋机器制作以自求利益者，官法无从为之区处，不过铜铸、火器之类仍照向例设禁，其善造枪炮在官人役，当随时设怯羁縻耳。

天下至奇至异之事，究必本于平常之理，如或不然，则推之必不能远，行之亦不能久。陈廷经原奏以中国修造钟表推之于机器，虽有精粗大小区别，可谓谈言微中。中国文物制度迥异外洋榛狉之俗，所以郅治保国邦、固丕基于勿坏者，固自有在。必谓转危为安，转弱为强之道，全由于仿习机器，臣亦不存此方隅之见。顾经国之略，有全体有偏端，有本有末，如病方亟，不得不治标，非谓培补修养之方即在是也。如水大至不得不缮防，非谓浚川浍经田畴之策可不讲也。

事无巨细，乐成固难，而图始尤不易。自来建一议、兴一利，劳臣志士，缠绵而经营之，及乎习之既久，相安于无事，或几不察其所自来。而追溯创议之初，于此中难易得失之数，几经审慎，曷敢卤莽而一试哉？臣于军火机器注意数年，督饬丁日昌留心访求又数月，今办成此座铁厂，当尽其心力所能及者而为之。日省月试，不决效于旦夕，增高继长，尤有望于方来，庶几取外人长技以成中国之长技，不致见绌于相形，斯可有备而无患，此则臣区区之愚诚之所觊幸者也。

除唐国华赎罪一案另行附奏并咨总理衙门外，所有置办外国铁厂机器并局制造并京营弁兵分厂学习缘由，谨会同协办大学士、两江总督臣曾国藩恭折由马日具奏，伏乞皇太后、皇上圣鉴训示。谨奏。八月初一日。

同治四年八月初十日，军机大臣奉旨：总理各国事务衙门知道。钦此。

辛亥革命中的苏州商人

许冠亭

木材商季筱松:财富险中求

1911 年是农历辛亥年,辛亥年的秋天,真是个多事之秋。自 10 月 10 日武昌起义爆发后,苏州受到时局动荡的影响,人心恐慌万状,有如鼎沸,城中的富户大部分都迁往上海等其他地方去了。英籍苏州关税务司范西也让阿拉勃斯特先生护送原先一直和范西夫妇住在一起的妻妹去上海租界。驻在苏州的江苏巡抚程德全深感民心不靖,人心思乱,于是借调两营江防驻扎苏州城外,以备调遣,同时分派水师各营弹压各地抢米风潮。10 月 26 日,苏城东路、中路一带,突然发生了工人聚众之事,巡警赶赴弹压才没有发生暴动。在这种社会动荡之中,人们唯恐清廷的裕苏、裕宁两家官钱局发行的纸币变成废纸,纷纷持币兑换银洋,这导致了银根奇紧。苏州商务总会向两江总督、江苏巡抚请求接济,但驻在南京的两江总督张人骏复电声称并无库存百万现洋,苏州商务总会便复请总督、巡抚致电清廷度支部,准拨新铸银币 100 万元到苏,结果度支部始终没有复文。江苏巡抚程德全拨出 20 万元库款,但实际效果只是杯水车薪,于是又决定由商务总会主持印发 20 万元流通票暂济市面。然而政局动荡造成的金融动荡、经济混乱似乎还只是开了一个头,丝毫难以看出金融风潮和商业危机将会演变成怎样的结果。

在苏州全城人心惶惶之中,当时在苏州的江西木客,早已闻风陆续归去,最后有一个陈姓木客,他手中尚有西木约五百两码,急欲脱手离开苏州,便降价求售。当时银根奇紧,钱业一般不放款,建筑又已停顿,木材无

季筱松

人问津，故各木号无有应者。山客无奈，只求现金脱手，不顾血本，以不及原价之半数兜售，但各家仍无人敢购进。

这时苏州王永顺木号的经理季筱松打算逢低购进这批木材。季筱松，也常写作季小松，字厚柏，江苏吴县人。季筱松家世并不显赫，其父亲季松泉，壮年孑身，由江阴原籍来苏谋生，寄居胥门，生有三子二女，季筱松为长子。季家收入不丰，因此季筱松进学塾时间并不长，1884 年，14 岁的季筱松经人介绍进阊门外的张三益树木号为学徒，满师后留店工作。直到他在而立之年的 1901 年春被王永顺木号老板看中，延请到王永顺木号当经理。季筱松主持店务作风与众不同，他虽然是经理，但不仅外出推销及照顾门市，晚来尚须核对账目，考虑进销情况，每日早起晚歇，习以为常。凡是要翻排装船、整理板庄等，他都事无巨细，同店友一起操作。经过一年辛勤经营，年终时虽盈余不多，但在进销两方面，木号已能掌握主动，打开了局面。四乡及本城水木作多乐于与季筱松交易。如城内马大箓巷蒯晓泉水木作，当时为全城营造业魁首，专在王永顺购买木料，是王永顺号的"顶门主客"（即专在一家交易）之一。季筱松与该水木作主人蒯左基、蒯左同昆仲两人，时相过从，交谊至深。蒯家给苏州城内有名的富豪如王驾六、吴大澂等建造房屋，还承建了位于平江路仓街的丰备义仓，所选用的木料都是向王永顺号购买的。王永顺号起初给季筱松的月薪为大洋 6 元，嗣后王永顺业务逐渐发展，不时给季筱松递加薪金，每逢年节酬红优厚。季筱松平日生活俭朴，穿着布衣，除正常酬应外，每日三餐都在店内和同事一起同桌而食，既不另备小锅，也不另添菜肴。甚至每次理发，也从未进过比较高等的理发店。他虽经常在外社交，但一直都不嗜烟酒，对赌博一道尤为深恶。他自己所得薪水都储存号内生息，时日久了，也渐渐富有起来。虽有"宁从商，莫为官"的父训，季筱松仍出资捐得候选府经历的职衔，成为一名绅商。

季筱松作为一名职业经理人，面对时局的动荡有过人的眼光，加上他与蒯际唐等交往，信息灵通，他认为苏城和平光复的可能性较大，于是审时度势，觉得应该趁机买进木材。但在其他人看来，这种经营决策无异于火中取栗。低价固然令人心动，但时局不定，如果一直动荡下去，建筑业持续停顿，资金周转不过来，王永顺木号就会倒闭。而且即使要购买，仅有的现金也不够，而要借款，又有谁肯在这个时候相借？但季筱松意志坚决，他力排众议，决然与之交易。由于号内现款不多，于是又请蒯际唐慨然代向王驾六所开设的永生钱庄力保，透借纹银2000两（合现洋折付），再在蒯际唐处借银洋800元，才将货款凑足交清。不久，苏城果然和平光复，社会比较稳定，商业开始兴旺起来，阊门外石路周围兴建店铺，富户起造住宅，木材销路猛增，市价提高。王永顺存货多，成本低，业务鼎盛。1912年，同街丰和及右邻永泰裕两家木行因故相继闭歇，店基均归并给了王永顺。季筱松为顾客设想周到，接受加工锯板，及时可取。季筱松还在万年桥北首另辟了王永顺桐油号，这样，顾客如有欲木材与桐油兼办者，就不劳分向两家了。因此，仅经3年周转，王永顺号木业单西塘木存升至两千数百两码，四乡来船络绎不绝，河埠停船常满，经销范围大增，竟赶上了实力雄厚的震生裕，一跃而居木业首位。季筱松本人虽非老板，但已俨然为苏城商界领袖人物，后来他终于担任了苏州总商会会董、苏州商团团长。

一向谨慎的木材商季筱松在辛亥风暴中貌似火中取栗的冒险行为，最终不仅为东家大赚了一笔钱，还由此成为引领行业经营潮流、战胜木材行业竞争对手的最大赢家。而他经营决策的依据，是在与蒯左基等人的接触中了解到了江苏巡抚程德全等人的政治动态，所依凭的是对苏城和平光复的信心。

苏州绅商推动程德全“挑瓦革命”

苏州绅商虽然震惊于武昌起义暴力革命的爆发，但在晚清兴办实业、成立商会、抵制美货、挽回利权、鼓动立宪的过程中，也已经与清廷逐渐由不满走到对立。在抵制美货运动中，苏州商务总会就不满清政府的内政

江苏巡抚衙门旧址

外交，绅商黄驾雄就指出，“夫中国为二千余年老大之专制，无论内政外交，向任执事独断独行，国民纤芥不得预闻。内政之腐败在是，外交之失策亦在是，现今略施教育，顿使雄狮睡醒，振摄精神。此次抵制禁约，是我四百兆同胞干预外交之第一起点”，表达了对专制制度的反对，也表达了必须由民众主宰中国前途的政治理想。在收回苏杭甬路权斗争中，苏州绅商潘祖谦、张履谦、王同愈、尤先甲、彭福孙等筹办苏省铁路，而后成立江苏铁路公司，主张商办铁路、拒借外款。但 1911 年 5 月 9 日清政府发布的铁道干路国有的“上谕”剥夺了各省自办铁道干线的权利，苏州绅商对朝廷曾经颁布的“铁路准归商办”谕旨的幻想被无情的现实粉碎，与此同时，他们对清政府的幻想也遭到破灭。随着民族工商业的发展，商人的经济力量和政治地位得到提高，绅商已经培养起参与社会事务和公共管理的责任意识与行动能力。他们渴望通过立宪的制度安排，提供政治参与的机制和平台，监督政府行为，但同时也希望消弭革命。不过，他们请求清廷速开国会的多次请愿并不能如愿，而清廷在万众瞩目、千呼万唤般出台的首个责任内阁不过是个“皇族内阁”，在以奕劻为总理的 13 名国

江苏咨议局旧址

务大臣中，满族9人，其中皇族7人，汉族仅4人。张海鹏、李细珠先生精辟地指出："设立责任内阁，自是筹办宪政题中应有之义。奕劻新内阁的出台，就其形式而言，在中国宪政史上可谓破天荒，本可大书特书，然而由于该内阁人员配置的极端不合理，充分反映了清廷集权皇族的用意，显然与宪政精神背道而驰，因而使其民主性意义大打折扣，并进一步使全国人民，尤其是立宪派对清廷预备立宪的前途失去信心。"

武昌起义爆发后，立宪派领袖张謇先在南京谒见江宁将军铁良，建议赶紧支援湖北，同时奏请速颁立宪谕旨。又谒见两江总督张人骏，再申前说，但未获张人骏的同意。南京一行未果后，张謇又到苏州游说江苏巡抚程德全，要求程德全奏请解散皇族内阁，惩办祸首，提前宣布宪法，以聚拢民心，消弭革命。10月16日，张謇乘沪宁铁路火车前往苏州。雷奋、杨廷栋受程德全委托赶到无锡将张謇迎至苏州，为江苏巡抚程德全拟订上呈清廷的奏疏。先由张謇亲自动笔拟稿，后改由他口授，雷奋和杨廷栋笔录，最后由张謇修改定稿，直到午夜12点，奏稿方成，确定题名为《奏请改组内阁宣布立宪疏》。张謇希望通过程德全联合各省将军督抚连衔会奏呈递奏疏，实施宪政，消弭革命。但清廷收到这一奏疏后，却决定留中不发，奏稿遂沦为废纸。而时局发展之快却又令人咋舌。10月21日，江苏咨议局第三届常年会开幕的前一天，张謇为首的咨议局根据武昌起义之后的形势，致电内阁，请宣布立宪，召开国会。第三届常年会开幕之后，江苏咨议局担心清廷借外国的兵力镇压革命，于是通电各省咨议局，齐电内

辛亥革命光复上海商团同志会合影

阁，表示反对。而后支持江苏独立，咨议局的名义随即取消。到 11 月初，湖南、陕西、山西等地相继独立。清廷为了挽救时局，在三天内仓促修改宪法，颁布《宪法重大信条十九条》，规定“皇帝之权，以宪法规定者为限”，而这样的举措已为时晚矣，于事无补。张謇也认清了现实，眼见在不到一个月的时间内响应武昌起义的已有十二三省之多，清廷大势已去，作为立宪派领袖的张謇，终于转向共和，但其转向共和并非就是转向革命，而是为了“和平之结果”。张謇在全国工商界的政治号召力及其在苏州的活动，对苏州绅商转向共和推动和平光复的政治选择有极其重要的影响。

上海绅商的言行和活动也影响了苏州绅商。在革命洪流中，上海绅商沈缦云、王一亭、叶惠钧、顾馨一、虞洽卿、李薇庄、李征五、李云书、杨信之、李平书、朱葆三、沈仲礼、周晋镳等人与革命党发生联系，其中王一亭、叶惠钧、顾馨一、李薇庄、李征五在辛亥革命前实际已经加入了同盟会。武昌起义爆发后，上海革命党人积极准备起义，宋教仁、陈其美、范鸿仙、沈缦云、叶惠钧、叶楚伧在中国国民总会所在地开会，决定把联络商团、团结士绅作为上海起义工作的重心。上海商团的核心人物李平书投身革命，也带动了其他一些绅商响应革命。与各省起义主要依靠新军不同，当时上海驻军中没有新军，上海革命党人手里也没有掌握一支较强的军事力量，依靠商团是其中的关键。李平书坐镇在城内救火联合会筹划指挥，商团在起义中发挥了重要作用。11 月4 日上午8 时，上海宣布光复。李平书等绅商对光复后的上海稳定起了重要作用。革命党人在上海租界所办的《民立报》11 月4 日当天就登出中华民国上海民政长官李平书的四言告示："上海巨埠，保护华洋，免受兵火，独立主张。凡我商民，切勿恐慌，照常营业，痞棍宜防。如有闹事，军法照行。本军府事，各各传扬。"这份告示在各处张贴，受到了民众的拥护。结果上海城内安静如常，商业居民均欢迎革命党人。上海的光复，影响到整个东南地区特别是江浙两省的革命形势，《民立报》援引英国《泰晤士报》文章的分析指出，"清政府在东南之命运已绝"。11 月5 日，浙江杭州、江苏苏州两省省会实现光复并各自成立都督府。江苏巡抚程德全审时度势，脱离清廷、宣布独立、出任江苏都督，此举是清朝封疆大吏在武昌首义后的第一例，是辛亥革命时期各省独立进程中的新动向，对推动革命进程具有积极意义。而程德全的行为是内外因素作用的结果，其中苏州绅商的劝说及相关行动起了推动作用。

1911 年11 月4 日，上海宣布独立，当天苏州商务总会总理尤先甲，议董潘祖谦、孔昭晋、江衡等先后面谒程德全，劝说程德全宜自保免祸，起而响应上海，宣布独立。同时为了严防土匪藉端滋扰，苏州商务总会于11 月4 日传令苏商体育会成员，于夜间一律出巡。同日夜间，上海民军数十人到苏州与驻枫桥新军会合。5 日清晨3 时，新军各兵一起向队官请领子弹，一开始队官并未允许，后来见兵士并不散去，于是一律都发给了子弹。5 日拂晓，马队、步队、工程队、辎重队和上海来苏民军一起入城，一律臂缠白布，排队到巡抚衙门拜见程德全，推举程德全为都督。张一麐、沈恩孚、潘祖谦还先后通过程德全的亲信应德闳等劝程德全独立。另据吴和士回忆，11 月4 日深夜11 点，督练公所的军官一切准备完成，由顾忠

亭子桥

琛、章驾时、彭锡藩、沈恩孚等晋谒程德全。程德全已经就寝，闻报出见。章驾时、彭锡藩先将顾忠琛介绍给程德全。顾忠琛对程德全说：“反正的步骤，一应就绪，请于黎明宣布江苏独立。”程德全已经决定宣布独立，但仍然保持慎重。他说：“南京张提督（张勋）有紧急密电，嘱死守苏州，如兵力不敷，即派兵来苏。吾苏一旦独立，实力是否充足，可以抵抗？诸君已确实有把握否？”见来拜见的众人手臂上都已缠了白布，程德全知道一切必已充分准备，就答应拂晓宣布独立。这时，传达处进报：“上海派来两位代表要见。”呈上名片，程德全一看是虞洽卿、陈光甫。接见之下，虞洽卿、陈光甫表明，此来是以上海商务总会代表名义，携来陈其美都督公函，为请宣布苏州独立，沪苏取得一致，进取南京，有所商洽。程德全阅过公函后，便说：“苏州立即宣布独立了，请两位返报陈都督，不再函复。”于是介绍督练公所诸人相见。程德全又问虞洽卿、陈光甫：“上海起义后，租界情形如何？”虞洽卿回答：“秩序很好，领事团也称赞革命军有纪律。”程德全问：“浙江情形呢？”陈光甫答：“杭州昨已发动起义军兵分四路，向巡抚署、军械局、迎紫门满营、延龄门满营发动进攻。进攻后结果，尚未得到消息。进攻得手则杭州光复，可以出兵，与苏军会师进攻南京。"程德全说道："那好极了，形势如此，可谓水到渠成。"程德全曾在武昌起义后发出奏疏，力陈立宪，但忠言逆耳，得不到朝廷采纳，非常失望，他意识到军国大事已无可作为，只能以地方民众利益为重，与时俱进，顺势而为，顺应苏省地方绅商的请命，宣布独立。

1911年11月5日，程德全在苏州宣布独立，提法司左孝同、巡警道吴肇邦、新军协统艾忠琦等闻变逃走，左路巡防营管带戚从云被变兵所杀。"中华民国军政府江苏都督府"成立后，程德全为都督，刘之洁任苏军统领，顾忠琛任参谋厅长，蒋懋熙任巡警道，应德闳任财政司长，江绍烈为司法司长，黄炎培、沈恩孚、罗良鉴为秘书，其余官吏则一仍其旧，以确保衔接稳定。为了表示革命必须破坏，程德全命人用竹竿挑去了巡抚衙门大堂上的几片檐瓦。江苏都督府门前"悬有红字白旗一面，上书'中华民国军江苏都督府'，旁有兴汉安民四字。各学堂闻信后，皆拍手唱歌，停课三天"。苏州宣布光复这一天，城市秩序井然，聚集在阊胥一带的民军也纷纷撤退，推举程德全为江苏都督。程德全就任后当即发布宣言："此举为政治改革，事成则让贤，不成则身执其咎。"听者无不感动得流泪。当时苏省下属不少市县都有假托革命的名义揭竿闹事的情况，程德全选派精兵强将到各地适时安抚兼以剿灭，没有多久就平定了混乱的局面。程德全的上述举措都是最符合商人维持市面稳定的愿望的。

苏州绅商为苏城稳定和全省光复作贡献

苏州绅商在程德全宣布后相率厕身革命，为苏州的地方稳定和江苏的光复作出了贡献。

首先，绅商拥护光复，参与大计。苏州城内各商店最先挂出表示拥护的白旗。当天上午十点多钟，观前街、阊门以及道前街一带商店白旗招展，白旗上书"新汉""大汉"或"光复"等字样。11月5日，苏州商务总会与自治局集议于元都方丈，签字赞成。绅商支持程德全的独立，提高了程德全由清朝巡抚身份一变而为革命都督的社会合法性认同，对稳定人心、

程德全

壮大革命声威起了积极作用。一些上层绅商、学绅则俨然以光复元勋的姿态参预军政府的大计。苏州自治绅董吴本善、方炳勋，商务总会总理尤先甲、协理吴理杲，钱业代表庞天笙，典当业代表庞鼐君，商董倪咏裳，团董潘祖谦，教育会孔昭晋等均便衣谒见都督程德全，面商进行事宜，参与苏州稳定及江苏全省光复计划的拟订和实施。苏州商务总会又通告周边地区绅商，苏州城内外已一律悬挂白旗，市面照常贸易，安静如常，并要求他们拥护光复，也“悬挂白旗，照常开市，切勿惊惶”，同时要王赓伯等亲自来城接洽商团领枪事宜，经由苏州商务总会介绍后，由商团代表迳赴苏州督练公所具领枪支，维持治安。

其次，绅商捐助军饷，减轻了军政府的财政压力。苏州光复后，持续已久的金融恐慌未见好转，苏州城以银易洋（以银两兑换银元）竟涨至八钱多，其涨幅独在上海、镇江、常州、松江之上。因裕苏、裕宁官钱局关闭而引起的抢兑，更促使银元飞涨日益加甚，人心恐慌，几达极点。应付财政困难、稳定城市经济生活成为军政府的当务之急。绅商除积极向军政府建议赶铸银元等解决办法外，在行动上还主动配合，传令各商店“共体时艰”，照常收用官钱局钞票和临时流通票。民国元年（1912 年）初，军政府创设“江苏省银行”，在发行纸币、认购公债等业务上均惟商会是赖，其代理机关亦由商会正式担保。为会攻南京，江苏军政府军用浩繁，需款甚巨，绅商深明大义，慷慨解囊，乐输义饷。钱业公会指出：“今庄等列在国民，并为汉族，既吸共和之空气，敢忘义务之同担？”所以，“极涓滴之微，聊作箪壶之饷”。截至 1911 年底，苏州绅商资助民军经费达 22200 元，其占大宗者，钱业公会 10000 元，庞莱臣股开福泰、元顺、元昌、安泰四家典铺减收半利 1092 元，绸缎业 500 元，这些数据充分证明了商人对革命的

留园五峰仙馆室内摆设

同情和支持。

第三,参与查处盛宣怀在苏州的家产。盛宣怀是江苏常州府武进县人,但其父亲盛康自同治六年(1867 年)因丁父忧辞去湖北盐法道官职后就一直在苏州置产经营。盛康在光绪二年(1876 年)从程卧云手中花 5650 两白银购买了刘园,然后在此基础上花巨资精心修建而成留园,留园以其杰出的造园艺术被誉为吴中名园之冠。盛宣怀则进入直隶总督兼北洋通商大臣李鸿章的幕府,同时盛宣怀父子或单独、或合股开设典当行,经常由盛宣怀存入大量官款后大笔借给官府,这样不仅在创办各项洋务事业的进程中积累了巨额的家产,还掌控了汉冶萍公司等重要企业,盛氏还因办事得力成为深得李鸿章器重的洋务干员,追名逐利,顺风顺水,官运亨通,于 1910 年任邮传部尚书,达到了仕途的顶点。1911 年盛宣怀又任皇族内阁邮传大臣,成为内阁中仅有的 4 名汉臣之一。但盛宣怀的"卖路"行为和中饱私囊一贯不得人心,尤其是盛氏作为铁路干线国有政策和四国借款合同的主要策划者与执行者,成为革命导火索的保路风潮中革命派、立宪派矛头所指的一个主要对象。武昌起义爆发后,清廷顺水推舟地将盛宣怀作为头号替罪羊,于 10 月 26 日将其"即行革职,永不叙用"。盛宣怀于 10 月 28 日逃离京师前往青岛,因南方革命形势迅猛发

阊门外老字号商铺

展，他又不得不转赴大连，并于 12 月 31 日带同两个儿子逃亡日本。苏州光复后，立即开始了查封盛宣怀家产的行动。11 月 8 日，苏城阊门外盛氏留园已由民军派人看守，将该园作为民军事务所。城内如久大等各典当及中市住宅一所均为盛氏私产，亦有军巡看守。11 月 13 日，江苏都督府发布了查封盛氏在苏州家产的通告。不久苏州、松江、常州、镇江四府及太仓直隶州人民代表发布公函，称“盛宣怀祸国殃民，罪大恶极，为全国人民所共愤。所有盛氏财产亟应查明没收充公，以为肥已者戒”，要求都督“迅饬查明，以彰公道”。江苏都督程德全即向全省发布查封盛氏财产示谕：“须知盛氏负误国殃民之罪，为神人所共愤，故将其财产查封，以快人心。”盛宣怀在苏州的园宅、公馆、别墅、典当行、店铺很多，在产权关系上也比较复杂，因为它们并非全属盛宣怀个人所有，有些属于其庶母盛许氏、其弟盛善怀，有些还涉及其他合伙人和各种债权债务关系。因此，实际执行查封任务的江苏巡警总监蒋懋熙为防止发生“掣动市面，拂逆商情”、“谣讹四起，富者自危”的局面，不敢冒然行动，除了派员驻守，撰发布告声明“他人产业概不株连”以安定人心外，并邀请苏州商务总会会同办理。苏州商会反应积极，派人随往监视查封。商会在各项办法的制订和执行中非常注意维持市面、保护商民利益之职责。如程德全要商会把盛氏典当行收赎钱洋交存江苏银行储候备抵的指令，苏州商会也从商情和维护商人利益出发，据理力争，坚持逐日收赎的钱洋分存殷实钱庄的主张。他们认为这样可以随时作价结银，并能一律照起折息，将来清偿各户存款之时，既可免以洋易银（以银元兑换银两）之亏，而逐日折息之余，亦行藉资其补救。事实证明，商会的积极参与并提出务实可行的办法，有利于对盛宣怀在苏产业的清理工作的顺利进行，也提高了商会的政治威信和声誉。

第四，加强对市民公社的领导，扩建商团，维持社会治安。苏州光复以后，兼任苏属地方自治筹办处总办的布政使左孝同逃跑，苏州商务总会对市民公社实行领导已不再会遇到阻力。苏州商务总会于 11 月6 日便通函各市民公社，表示根据督练公所的电报要求，即刻派民团、商团出队保卫，让商民们不要惊惶。市民公社更仰仗商会为靠山，与苏州商务总会携手共维地方治安。当时，绅商除了控制统一的半武装组织苏商体育会外，也新成立了一些直接称为商团的自卫组织。苏州商务总会为防务戒严需要，领导苏商体育会及其他商团组织，向军政府请领枪支弹药，费用自担。在苏州商务总会主持下，苏商体育会迅速扩建至四个支部，会员达 600 余名，并陆续添购枪枝弹药。苏商体育会及各商团荷枪实弹，配合民军，昼夜梭巡，市面赖以安堵，尤其是在苏州民军被抽调会攻南京期间，维持了苏州的城防治安。1912 年初，苏州商务总会呈请江苏都督府备案，将苏商体育会及各商团统编为商团公会，以符名实，潘祖谦担任会长。苏州商团公会下设 15 个分部，并添置枪械，共有各种枪支近 700 支，其中毛瑟快枪 260 支、“林明敦枪”320 支，成员平时各自经营本行，遇有紧急情况就着制服巡逻，苏州商团公会逐步发展为一支半武装性的地方治安力量。

阊门兵变：苏州商人的痛苦与诉求

1912 年元旦，中华民国临时政府在南京宣告成立，江苏都督程德全被任命为临时政府内务总长，庄蕴宽莅任江苏都督。庄蕴宽于1月10日至苏莅任。1912年3月27日夜间9点，驻守苏州的营兵持械争哄，肆行抢劫。阊门外商市东自越城，西至普安桥、三板桥，南至胥门，北至白姆桥以及马路一带，周围四五里，均被蹂躏。枪声彻夜不绝，兵匪大队逐铺搜劫，一抢再抢，通宵达旦，十铺九典，同归于尽，直至28日清晨5点抢劫才算停止。所有阊门外各商业精华，被劫殆尽。市民中有不少逃避不及而惨毙者。各店遭抢劫后银钱货物荡然无存，非特一时不能开市，而路上闲行军队，触目皆是，以致人心惶惶，尤恐再生险象。其中，洋广货商徐国璋开设的徐源茂洋广货号在阊门越城，专做批发门市已有很多年。27日夜间9点半，有大帮营兵打门入内抢劫。当时全市沸腾，满街悉是军队，他们闯入商店恣意掳劫，前去后来，直至3月28日清晨3点半，共计5次。店家总计被劫现洋720元、小洋2340角、铜元13万文，此外，所有店中存货，共有数百种，但凡可取者都被悉数劫去，不能抢走的亦均被毁坏，综计损失合银5000两以上，这些损失数额均有货簿为凭。店中伙什被劫衣服、铺程洋350余元，并计在损失钱洋货物损失项内，总共计洋8700元。

老阊门

而其中最惨者，当属店中年方16岁的学徒俞桂珊，他受惊吓逃避时竟被枪击惨毙。莠兵甚至大肆抢劫苏州商团第一支部，抢去林明敦枪1支、刺刀2柄、军衣帽4副。阊门兵变总计造成无辜平民7人遇害身亡、1人身受重伤；造成直接财产损失的，既有国内商家如晋丰典当业、怡源祥、徐源茂洋广货号，也有洋商如德商施当伯、法商利大公司、美国胜家公司、英国亚细亚火油公司、日商长坂牙医院等，核计330多家商铺典当行等各商民损失总数约合银73万多元。阊门兵变使商民"猝遭巨变"，被指"实为洪杨以来所未有"，是苏州自太平天国运动平息以来遭受的最大惨案。而制造这一惨案的，正是本当保境安民的民国军队。

兵变发生时节，正是南北双方和谈成功但政府交接尚未完成之时，又恰逢江苏都督庄蕴宽离开苏州的时候，商民惨遭荼毒，人心慌乱。苏州商务总会总理尤先甲、协理吴理杲等立即致电南京孙中山大总统、内阁总理唐绍仪、陆军总长黄兴、江苏都督庄蕴宽，并同时拍发给北京政府袁世凯，报告阊门外兵哄肇变，彻夜焚掠，岌岌可危，而今苏州城门尚闭，秩序未定，请求有关方面火速设法弭平，以维大局。并电请庄蕴宽都督立即回苏，以资镇摄。在上海的江苏都督庄蕴宽于28日下午4点多乘火车由上海回到苏州，处理此次意外变端。城厢内外酌派军队分段驻扎，加强守卫。对于那些犯事兵匪，除现场抓捕后审讯明确立即枪毙多名外，再令各处水陆军队严密缉拿，按照军律严加惩治。所有缴获的兵匪抢劫之赃物，集中在植园妥为存储，由军政厅会同苏州商务总会助理员进行登记清理，筹议持平办法。至此，兵变终于得以弹压，秩序得以维持，民情方才稍得安慰。都督府请苏州商务总会将以上情形通告被害商民，并转达都督府的歉疚之意，以期稍释地方之愁苦；同时要求各业仍勉维旧业，渐复元气。

在阊门兵变中被劫受损的苏州商人纷纷将损失实数开单呈报阊胥盘警区，并通过苏州商务总会谨呈江苏都督庄蕴宽："种种苦情，实为从来未有之奇惨！自武汉起义，生机萧条，商界处于艰窘困危地位，岌岌不支。迩者南北统一，商铺百计筹谋，措资添本，希望生机稍展，聊补前耗于万一。值此经营凋敝，元气未复，遽被抢掠殆尽，我商铺何辜遭此浩劫！现蒙官长莅勘，目击苦惨情形。兹商等被劫危迫，情急万分，欲开无力，闭歇亦难。商伙嗷嗷待哺。再四踌躇,惟有恳求都督先行借款两成,候赃物变价归还。如有多少,再行公同筹议善后办法,以解倒悬之急。"苏州商人要求大都督迅赐核示施行,救济补助受损商户。但结果是,救济补助难以落实。令苏州商愤然不平的是,南京商民4月11日受到赣军抢劫后,15日即受到南京留守黄兴酌量抚恤明文。苏州"阊门兵变"时逾两旬,却仍未得到都督的设法赔偿,灾民待哺嗷嗷,势难终日。被劫之后,店家财货一空,既无现款办货,又无生机度日,甚至欠款被逼,无从清偿,家室凋零,难滋糊口,颠连困苦,莫可言状。所以虽经抚慰劝谕开市,但不能照常开市者尚居多数。事实上,苏州商会内有一批人在阊门兵变后就对庄蕴宽非常不满。民国协济会在致苏州商务总会自由党支部并转各团体的电报中指出:"庄蕴宽自督苏以来,敷衍上峰,怠慢民事,廿七日闻苏城兵变,庄督坦然无事,尚在沪应酬。至廿八日四句钟晚车始由沪抵苏,车中犹点西菜以为乐,见者、闻者无不发指。请尊处知照各团体,将损失各款,追求赔偿,以为玩视我民者戒。"4月16日,苏州被劫商民代表郑杏园、宓以善、赵梦梁、丁绥之、张致之、张春圃、李君培、杜锦堂、秦志康、张干卿等联名代表被劫受害商民呈告江苏都督庄蕴宽,沥陈被害商民的困苦之情,恳切要求矜怜赔恤。呈稿如此陈述道:"譬诸横被灾祲水火旱涝,尚蒙公家设法恤助,而况以地方脂膏养兵卫民,不能资其保护,反致遭其劫掠,人民何辜,遭此荼毒!现在出死伤外,损失财产七十万之巨。苟非设法赔恤,则市面不能复兴,人民或致坐毙,当亦非都督矜恤民瘼之至意。"呈稿并"叩求大都督俯念被害困苦、不能开市情形,速为设法赔恤,以振市面,而救民生。不胜急切待命之至"。苏州商务总会转呈了商民代表的呈稿。

对受灾损失的补偿款,最终是采取两条办法筹集。

一是将植园所存的所有赃物进行估价,分类出售,如果有趸户全数买去,也可允准。由苏州军政厅派定专员办理召卖事宜,与商会助理员、各行业代表协商一切。然后在上海《申报》《时报》连续刊登拍卖广告。4月24日,苏州商务总会公同议决所有赃物由出价最多的王成渊以银10900元全数买入。这比原估总价银9913元已加了一成。至5月5日,银货两讫。最后实际赃物变价款银11400元。然后核定各商户的实际损失，将赃物变价款按成均摊各户。

庄蕴宽像

庄蕴宽手迹

二是由公家筹借银两。4 月 19 日，江苏都督庄蕴宽照会苏州商务总会："兹有公家筹借银元一万元，交由贵总会按成匀借，以冀稍维市面。"都督府并答应再行筹措银元 3 万元，自 5 月份起至 7 月份止，分三次送请苏州商务总会，酌量支配。4 月底，早就提出辞呈的庄蕴宽交卸都督一职，返沪养病。此前一直辞任内务总长的程德全复任江苏都督。苏州受灾商民希望程德全能按照南京事件的处理办法进行补偿。程德全认为，南京事件损失者以中、下层平民为多，他们已一贫如洗，衣食垂尽，无以为生，政府只能参照赈济办法来救助他们，即由省府出 10 万元补偿款，但并非意味着是按他们损失的五成之数来作为拨款标准的。苏州受害商民代表坚决要求参照南京的处理方式，要求由省府优抚 70 多万元损失款项的一半。程德全则强调，他已在前任庄蕴宽两次合计 4 万元补偿款基础上又两次追加合计 5 万元，这样，9 万元再加上赃物变价，就已经超过 10 万元了，省库支绌已极，期款尚且困难，何况现款？总不能空言承诺。逼不得已之下，他坦言只好按照苏州商务总会来函之意，先向当地绅富暂借，但不能不借重商会代为道地。对于有代表提出的公债票一层，程德全认为这是另一问题，苏州商民代表要求政府补偿30万，才有所谓发行20万公债票以筹集资金作为补偿款这一说法。这与政府答应的9万之数相去实在悬殊，更无商榷余地，阊门一案，商民损失较巨，也确实是实情，但公家财力只有此数，光复以后，逐月罗掘，勉维现状，当为各商民所共见。程德全接着表示自己扶病来苏，心力交瘁，一切重大问题都还没来得及解决，就首先重视救助商民一事，自己也尽心尽力了。最终的解决办法是，省府又增加了银1万，公家实际给银10万元。

苏州商务总会及商民代表虽不满意，但也无可奈何，只得着手讨论对赃物变价及公家借款两者合计银111400元的摊派问题。商民代表郑杏园等在核对实际损失额的过程中考虑到此次损失地广户多、贫富不一，若照损失公同均派，局面较大的商户自无异辞，但那些经纪小民必致不敷周转，真要如此操作一定有负大都督苦心维持之意。所以代表们再三集议，最终议定，让实力强些的商户从公益的角度出发，将自己的实报之数自行勉力酌减，即以余多之款分派给中小各户，让弱小商户能够多沾实惠。此外，阊门兵变时，吊桥东慎大钱店被兵匪纵火，幸有斜对门祥隆剪刀店沈云山出力施救，及时灭火，未酿成巨灾，否则火势蔓延，该处房屋栉比，损失将难以估量。沈云山热心公益，奋不顾私，在他开门救火后，自己店中却被劫一空，商民代表们提出可否从拨款分配外，其余零洋统数提给沈云山，以作为对热心公益者的鼓励。商民代表郑杏园等将恤款分配实数清册及其方案禀呈江苏都督程德全，程德全特发如下指令："据呈已悉，该代表等拟请将公家借款，连同赃物变价，分别等差，酌拟配给，尤能使经纪小民多沾实惠，具见筹画苦心，分配周致，深堪嘉许。既经众意佥同，自应照拟办理。至以分配外零余银元，提给因救火被损之祥隆剪刀店，以为热心公益者劝，准之情理，亦甚平允。惟此次兵匪肇祸，各国商民同遭损失，自应一律摊派，以彰公道。并，此外有无遗漏之户，应由该代表等详细查明，列入簿册，毋使向隅，致生枝节，是为至要。切切此令！"

不过，令苏州商民代表们感到筋疲力倦的是，他们在根据程德全指令继续核对受损各户、登记造册确定恤金分摊数额之后，大都督允诺拨付的银元连同联票在兵变发生3个月后仍然没有拨交苏州商务总会，而各商

旧时姑苏

户盼望领款的心情恰如大旱之际望云霓。商会及商民代表一方面请大户对受损不多的商民先行酌量拨垫，另一方面仍然不停地奔走呼吁，直到10月才算了结此事。

阊门兵变的善后处理虽有了一个终结，但对辛亥革命后中国的时局动荡来说却仅是开端。在辛亥革命之中实现和平光复的苏州，万难在袁世凯执政之后的中华民国安享太平，为苏州商人诟病的庄蕴宽做不到，为苏州商人信赖的程德全也做不到，并且好像任谁都不可能做到。

鸿生火柴:国货与洋货的对决

谭金土

苏州鸿生火柴厂安全装盒大筹(OS是刘鸿生在圣约翰中学时的英文名字缩写,后来创办火柴厂时也被用作商标之一)

周六,一个难得的晴天。苏州文庙古玩市场的人不算太多,外地的古玩商贩或许还沉醉在过年的酒色之中,一年四海奔波的辛劳太需要烈酒来消融和柔情来安抚了。依然还有如我等嗜旧成性的书蠹,穿行在零散的地摊间寻觅亮眼的旧物,希图凭借古人散落的星星点点来擦亮历史的光影。

一位无锡佬为了省四十元钱的摊位费,从来不摆摊,而是拎着一只帆布包,专门寻找熟客做交易。在泮池的西北角,无锡佬喊我:“谭检,过来!给你看样东西!”他从包里掏出旧报纸裹着的硬物,打开报纸后现出了九支竹筹,竹筹正反面分别有火印烫出的“苏州鸿生火柴厂”“安全装盒大筹”字样。

"苏州的老物事,给你留着的。"我把喜欢写在脸上,他当然识得我的欲望,没有讨价还价,依照他给出的价钱,我付了款,将竹筹装进了自己的包里。他又说:"再给我十元钱路费!算我向你讨的。"买了他的东西,还要我付路费,这似乎成了他的成例。多次买过他的书,也多次给过他路费。这次只要十元路费,不算多,便又掏了十元钱给他。

2009 年年底我曾应苏州市沧浪区政协之邀,写过《觅渡青旸》一书(已由苏州大学出版社出版),其中有一节写的就是 1920 年宁波商人刘鸿生在苏州施门荡开办火柴厂的历史。睹物思旧,看到这九支鸿生火柴厂的竹筹,便想起了刘鸿生,想起了胥门对岸的鸿生火柴厂,想起了划擦宝塔牌火柴点亮油灯、点燃香烟的往事,也想起编写《觅渡青旸》的辛劳和快乐。

细瞧这九支竹筹,做得还算是比较精致的,两面火印烫出阳文,凹陷处填以黑漆以显字迹,表面用红漆刷过,竹筹顶部涂以绿漆,烫有"苏州鸿生火柴厂"的一面还烫出"OS"两个英文字母,这些大概是防伪标志。那"安全装盒大筹"六个字标明了这种竹筹的用处:它应是用来计算工人们装火柴的数量的。装火柴是一种简单的重复劳动,火柴厂会大量使用临时工,按他们的工作量来计算酬金。比如每装满一百盒火柴,就给工人发一只竹筹,工人最终按照所得的竹筹领取酬金,也就是说它们是一种计酬竹筹。

鸿生厂让苏州人不用洋火

纤纤寸木药硝粘,引起灯光胜火镰。
莫怪粹奴夸利用,缘他工省价还廉。

这是清代人李静山所作竹枝词《增补都门杂咏》中的一首,名为"洋取灯",说的是洋人用火柴点燃灯盏的事。据考证,火柴是 1850 年前后由外国传入中国的,那种在木梗上粘上黄磷或硫化磷并用来引火的便捷逐渐为中国城乡民众所接受,进而取代了传统的用火镰擦火的方式。因为是舶来品，所以人们把火柴称作洋火。

用火柴点火是人类取火的一次科技飞跃。人类用火的每次发明和进步，都给人类的生活带来重大的变化。

原始人钻木取火

清代火镰

在原始人有了用火的记录时，他们已形成了部落群体，先民们靠的是取自然之火，引来自燃的或雷电引发的山火储存在聚居的洞穴里或村落里，并派有专人看管火种，用火来煮食、照明和烤火。据说有位看管火的人有一次弄灭了火种，按规定是要被处以极刑的，这位管火的人急得手忙脚乱，拼命用燃尽的枯木捣鼓。就在这种捣鼓中，他用枯木棒钻出了火花，重新点燃了火堆，这次偶然成就的人工取火的伟大创造从此改变了人们对自然火种的依赖，而这位发明钻木取火的人就是远古神话中的燧人氏，人们把他奉为火神。今天寺庙里在佛前供奉长明灯其实就是人类保存火种的方式被演化成了宗教仪式。

古代中国人还曾发明过利用太阳能取火的方法。在东汉许慎的《说文解字》中有“艾，冰台也”之说，这句话许多人都不明白。《博物志》对“冰台”作了解释：“削冰令圆，举以向日，干艾于后，承其景则得火，故曰冰台。”意思就是取来又大又厚的冰块，把它削成圆形，将它举起来对向太阳，太阳透过冰块的圆凸面便形成一个极亮的聚焦点（景），把这个聚焦点投射到冰块背后的用艾制成的绒上去，不一会艾绒便会被太阳的聚焦光点燃起来——古人便用这个方法取得了火种。这种用冰和艾作为工具用太阳能取火的工作台，就是古人讲的冰台。先民们认为这种用神圣的太阳光、洁白的冰块和神奇的艾绒取得的火能够通向神灵，古代的巫师们便是通过冰台燃炙在乌龟壳上的纹路来解读天神对人类的警示和预告的。再后来便有了巫医用炙艾来为人治病的方法，炙艾治病也因此添上了神灵的光环而广泛流传开来。

虽然在南北朝(420—589 年)时，中国人发明了火镰打火，道士们在打火时又发现沾上硫磺的引火木屑更容易被点燃(道士们称火刀火石擦出的火花为“阴火”，称沾上硫磺的木屑后被引燃的火为“阳火”)，于是借助化学药物硫磺，由阴火引发阳火又使得火镰发火便捷了不少。

然而中国道士的发现并没有被引入商品化生产，火柴最终为欧洲人发明并转化为商品。1669 年，德国人 H. 布兰德提炼出了黄磷，从此便有了制造火柴的工业原料。1805 年，法国人钱斯尔用树胶将氯酸钾和糖粘在小木棒上，浸沾硫酸而发火，这便是现代火柴的雏形。1826 年，英国人 J. 沃克用树胶把氯酸钾和三硫化锑粘在小木棒端部作药头，装在盒内，盒侧面粘有砂纸，手持小木棒将药头在砂纸上用力擦划，木棒就能发火燃烧，这就是最早具有实用价值的火柴。1831 年，法国人 C. 索里亚以黄磷代替三硫化锑掺入药头中制成了黄磷火柴。这种火柴使用方便，但因为黄磷燃点低，发火太灵敏，容易引起火灾，而且在制造和使用过程中，因黄磷有剧毒，严重危害人们的健康。1845 年，奥地利人 A. 施勒特尔研制出赤磷(也称红磷)，性能比较稳定，且无毒。1855 年，瑞典人 J. E. 伦德斯特伦创制出一种新型火柴，它是将氯酸钾和硫磺等混合物粘在火柴梗上，而将赤磷药料涂在火柴盒侧面，使用时，将火柴药头在磷层上轻轻擦划，即能发火。由于是把强氧化剂和强还原剂分开，大大增强了生产和使用中的安全性，这种火柴就被称为安全火柴，应用越来越广泛。1833 年，世界上第一家火柴厂建立于瑞典卡尔马省的贝里亚城。

清末火柴商标

清道光十八年(1838 年)，火柴从欧洲传入中国，起初每年两三千箱，后高达 10 万箱。清光绪六年

北寺塔及周边

(1880 年),英商在华开办燧昌火柴厂,其后日本人在中国各地开设火柴厂。火柴因其使用方便,在中国城乡广泛销售,虽然在光绪十六年(1890 年)华商叶澄衷在上海创立燮昌火柴厂,但“洋火”在中国的市场上拥有 90% 的市场,占据了垄断地位。

1919 年的春天,在宁波老乡蒉敏伯的怂恿下,刘鸿生来苏州筹办火柴厂。火车进入西跨塘后,刘鸿生远远地就看到了在苏州方向的地平线上是迤逦的城墙,在城墙的上方是高耸的宝塔,他问邻座的苏州人那是什么宝塔,邻座用苏州话说:“那是北寺塔(苏州话念作‘bok Siî tat’)。”刘鸿生听到的回答是“不是塔”,便心生疑惑:“这明明是塔,怎说不是塔呢?”经过一番解释,刘鸿生才明白了其中的道理,苏州的宝塔也给他留下了深刻的印象,一个宝塔牌火柴的商标图案便在刘鸿生的脑海里产生了。这次来苏州,刘鸿生专门游览了报恩禅寺。黄昏时分,刘鸿生登上北寺塔顶俯瞰苏州万家灯火,他取出口袋中的一盒“洋火”,划亮一根,高高地举在手上,然后狠狠地吹灭,心中默默地发誓:我要在苏州办一座火柴厂,用我刘鸿生制造的火柴给苏州的千家万户送去光明和热量。

1920 年,苏州胥门外的胥江边兴办起了两座给苏州带来光明和热量的工厂,一座是胥江枣市桥堍的苏州电气厂,一座是苏州胥江泰让桥边的鸿生火柴厂。这两座厂的创设都与振兴电灯公司有着直接或间接的关系。陈则民等八位苏州士绅集资兴建苏州电气厂为的是抵制无锡商绅将股份转让给日资，而鸿生火柴厂则是由退出振兴电灯公司的宁波人蒉敏伯力邀同乡富商刘鸿生来苏州投资兴办的民生工业，蒉敏伯将从振兴公司退还的部分股金投入鸿生火柴厂，与刘鸿生等人合办火柴厂。很快，刘鸿生出资9万元，蒉敏伯和其他五个人出资3万，共投资12万，鸿生火柴公司就在胥门外泰让桥边建起来了。巧的是，这一时期沿着环古城的京杭运河，从觅渡桥、吴门桥延伸到胥江泰让桥、枣市桥的工业带正在蓬勃兴起。

鸿生火柴厂旧址

鸿生火柴厂在开办之初并不顺利，在质量上无法与外国洋火比拼，也不如老牌号上海叶氏家族的燮昌火柴好使，火柴头划轻了不发火，划重了便脱落，哑火多、性能差。同时面临着洋货和老牌国货的激烈的市场竞争，鸿生火柴销路不畅，鸿生火柴公司在1924年以前亏损52112元。

不过，刘鸿生是个不服输的企业家，为扭转颓势，他亲自前往日本考察，观摩有关火柴生产与销售的流程，购买先进的机器设备，同时不惜重金聘用了中外专家，以解决火柴生产上的关键问题——化学配方。这时，有人介绍他认识了沪江大学化学系教授、刚从美国留学归来的化学博士林天骥。刘鸿生以月薪1000银元聘请林天骥为工程师。林天骥到厂后，在刘鸿生的支持下，和技术人员一起，经过半年多的试验研究，采用高强度的胶粘剂，解决了火柴头受潮脱落的难题；又购置磨磷机，提高了赤磷面的耐磨性能。技术改进后的鸿生火柴，药头大、发火快、火苗白，磷面经久耐用。从此“宝塔牌”火柴一改颓势,大受欢迎,不但独占了苏州城乡市场,行销苏北、江浙,在国内成为抢手货,而且远销南洋。仅一年时间,鸿生公司不但弥补了过去的所有亏损,还盈利 10 万余元。随着业务的扩大,刘鸿生决定对鸿生火柴厂增资 50 万元,分为 5000 股招商,将原鸿生公司转成有限责任公司。

为民生开办火柴厂

刘鸿生为什么投资苏州兴办火柴厂?民间一个带有喜剧性的说法是为了报复他的岳父——燮昌火柴厂的老板叶澄衷,因为叶澄衷不同意将自己的女儿叶素贞嫁给刘鸿生,并傲慢地称刘鸿生是“一个跑街的”。于是刘鸿生便发誓说:将来一定要办个火柴厂,把叶澄衷的燮昌火柴厂挤垮。

这其实是写书人附会出的一个故事。清末大实业家叶澄衷生于 1840 年,他在上海开设燮昌火柴厂是 1890 年的事,9 年后的 1899 年叶澄衷去世,而刘鸿生生于 1888 年,叶澄衷去世时,刘鸿生才 11 岁,还没到谈婚论嫁的年龄,因此刘鸿生在苏州开办鸿生火柴厂是要挤垮燮昌火柴厂泄愤报仇的说法只能作为笑谈。

刘鸿生肖像

不过,刘鸿生的发家确实是从“跑街”开始的。1888 年,刘鸿生出生于浙江宁波,13 岁就读上海圣约翰中学,4 年以后进入圣约翰大学深造。大学二年级时,美国校长决定送他到美国去学习神学,学成后回校担任牧师兼教英文。然而刘鸿生不愿学神学、当牧师,他因拒绝校长的安排而被中断了大学学业。1906 年秋,离开大学的刘鸿生在洋人手下打了一段时间的短工之后,进入英商开平矿务公司上海办事处当“跑街”。当时所谓的“跑街”就是矿务公司的“外事人员”,主要工作内容就是联络客户、推销煤炭、催要货款。

担任英商开平矿务公司上海办事处“跑街”的月薪为 100 元,另外还有佣金，至于能够拿到多少佣金，就全靠“跑街”的个人能力与各种关系了。刘鸿生将所有精力集中在业务上，事事留心，处处在意，“跑街”业务越做越精，越做越大。他设法保住老户头，不断开发新户客头，勤跑勤访，保持密切联系，平时多给老户头些方便，逢年过节再送点礼，加深感情，巩固关系。他广泛联系各企业的烧炉师傅，因为他认为烧煤师傅说句烧谁的煤好起的作用挺大，而且借助烧煤师傅的同行朋友还可以进一步开辟新客户。他坚持按质论价，坚守信用。市场上卖的都是统煤，好坏相混，一样论价，用户也很不方便。他就把块煤与屑煤分开，分等出售，按质论价，绝不以次充好。这样做虽费点事，却给了用户很大方便，用户们各取所需，煤油销路由此大开，回头客也多。他勤动脑勤跑腿勤访问，掌握用户的用煤时间，及时主动送达，按计划供煤，确保不积压、不脱销。

刘鸿生在上海为开平煤矿“跑街”的几个月时间里，开平的煤炭销量日增，这不仅使刘鸿生的收益显著增加，而且使开平矿务公司上海办事处更受其益，刘鸿生也因此格外受到器重。1909 年，开平矿务公司为了拓展长江下游市场，授权年仅 21 岁的刘鸿生出任经理一职，在上海设立煤炭售品处，并与他签订了独家经销开平煤的 30 年合同，将上海、苏州、无锡、宜兴、常州、镇江、南通以及江阴至浦口一带都划归刘鸿生的独家经销范围，经刘鸿生销售的煤大约占了开滦煤矿年产量的四分之一。到第一次世界大战结束的 1918 年，刘鸿生已成为富甲一方的“煤炭大王”。后来，他辞去开滦公司职务，自行创办华东煤矿，成为名副其实的煤炭大王。

积累了百万资金的刘鸿生并不满足于推销煤炭的生意，他产生了投

苏州鸿生火柴公司全景

胥江风光

资实业的宏大计划，投资苏州鸿生火柴厂只是他投资实业的第一个试验性项目。

1919 年夏天，河南、苏北发大水，大批难民涌入上海、苏州。难民们沿街乞讨，衣不蔽体，食不果腹，更有体弱多病的难民暴毙街头。这时年仅 31 岁并做了宁波同乡会会长的刘鸿生捐出 5 万元巨款接济难民，但是他知道，这种接济只救得了一时，却解决不了难民长期的生计，于是，投资民生企业、安置灾民进厂的设想在他的头脑中产生了。

这是刘鸿生第一次投资实业，他非常需要有朋友一起商量。恰在此时，退出苏州振兴电灯公司的同乡蒉敏伯找到了刘鸿生，蒉敏伯劝刘鸿生到苏州投资办厂。“办什么厂呢?”刘鸿生问蒉敏伯。蒉敏伯说:“就办一座火柴厂吧。”蒉敏伯竟和刘鸿生想到了一起——开办火柴厂！因为:第一，火柴生产工艺简单，手工操作量大，可以安置大批难民，利国利民。第二，火柴为家家生活必需品，它价格虽低，销量却大，销一盒火柴虽是微利，若大批量生产，效益也十分可观。第三，火柴厂投资规模小，初次投资实业适合试探性实验项目。就这样，刘鸿生这个腰缠万贯的“跑街”开始了在苏州的实业投资。

说干就干，刘鸿生利用蒉敏伯与苏州商会以及地方上熟识的便利联系征地事项，购得了胥门外施门荡荒地 21.5 亩。此时的施门荡“四面空旷，距离胥门和盘门市廛各在数里之外，水陆交通便利，绝无障碍之虑”（语出刘鸿生1920年1月31日致苏州总商会函件）。1920年元旦，刘鸿生与黄敏伯、杜家坤等合伙人签订了设立华商鸿生火柴厂的合同，建厂的工程接着就紧锣密鼓地开始了。

在厂房还没有开建之前，刘鸿生便先从逃荒的难民中招收了一批青壮年，投资16000元购入建筑材料，在施门荡西侧开建工人住房56间，这部分难民们便有了工资收入以养家糊口，也有了安身住宿的地方。在火柴厂还没投产前，刘鸿生又从上海请来火柴厂技工师傅给新招收的工人进行技能培训，一旦工厂设备安装到位，工厂即刻便可开工。厂房于1920年3月动工建造，在建造厂房的同时，生产火柴的各项设备及原材料就已开始购置并运到了枣市街，寄存在同丰润粮栈内，这时已开始做切纸并向附近居民发放糊火柴盒的加工生活了。

1920年10月1日，苏州鸿生火柴厂剪彩开工生产，正式出品宝塔牌火柴。火柴生产流程大体可分为梗子的制造、处理，火柴盒的切割、糊制、刷磷，火柴药头的配制和沾粘，最后是包装储运。火柴厂的生产是劳动密集型行业，上述工序除部分在厂内的机器设备上加工外，很多工序纯属手工操作，有不少是外发加工的。开厂之初，鸿生火柴厂有工人757人（男工90，女工544人，童工123人），大部分是从苏北的难民中招收的，火柴厂的开工解决了不少难民的生计。鸿生火柴厂的外发加工，更是苏州一些家庭妇女的一项副业，加工费解决了一些贫困家庭的油盐酱醋钱。它一度甚至也是看守所和监狱犯人在押改造的生产项目。

《采莲》（大中华火柴公司火花）

鸿生火柴厂虽以民生为本，但在如战场的商场上，刘鸿生却是一只凶狠的狼。一厂独大，独霸苏州，这就是刘鸿生的经济法则。

鸿生火柴厂是在苏州开办的第一家火柴厂，此后来苏州开办火柴厂的不下四五家，鸿生火柴厂一直处在与各家火柴厂激烈竞争的态势中，刘鸿生采取各种合法的甚至不正当的手段挤走了在苏州开办的各家火柴厂。比如他曾经采取不顾血本降价销售的手段挤垮了他的妻舅叶世恭在苏州小日晖桥开办的燮昌火柴厂分厂，并最终兼并了它，而且还在与他人合伙收购燮昌火柴厂苏州分厂的协议中明确写道："苏州燮昌厂基、厂房，永远不作制造火柴之用，以避彼此营业上竞争。业经双方允洽，须始终信守。"又如1927年在南濠街开办的民生火柴厂采取赊账的方法促销火柴，民生火柴厂规模极小，日产仅10箱火柴，鸿生则日达100箱，如果鸿生降价与其竞争，肯定会吃亏蚀本，刘鸿生便在民生厂边开设一座小规模的苏州火柴厂，以极低的价格跟定民生火柴厂的火柴销售，最终挤垮了民生火柴厂。

对于在苏州营销的外国火柴，刘鸿生则是高扬爱国主义的旗帜坚决抵制。1929年6月，鸿生火柴厂曾全厂停产一天，专门组织职工列队上街游行，到阊门专营批发洋货的协泰丰商号门前宣传抵制外货的重要意义。职工们印发传单，广泛散发。传单上写着：

> 同胞们醒醒吧！
>
> 现在外国火柴，跌价侵略，意欲打倒全国火柴厂。要晓得国家兴亡，匹夫有责。外国火柴，价钿虽巧，如何买得！我是中国人民，应买中国自制的火柴；我非外国人种，何必推销外国火柴。爱用国货就是救国！我同胞们再不觉悟，仍贪目前外国火柴一时的价钱便宜，将来全中国火柴厂，被他完全打倒，外国火柴就要抬价，便宜的也要每盒五分，昂贵的更要每盒一角。这种火柴我日用所不可少的，到此地步，无法挽救，想起便宜，就觉吃亏了。况且工友失业，地方不宁，你们有钱，不能享福。外人云："他们国内无教化，因为他们不用别国东西，所以国富民强。"望我国同胞速即觉悟，提倡国货，挽回利权，造成中国葬列强基础。

经过一番宣传和交涉，协泰丰商号决定不再经销外国火柴，从此，外国火柴在苏州基本绝迹。

刘鸿生在苏州开办实业的成功，促使他把更多的资金投入实业，先后开办了上海水泥公司、华丰搪瓷公司、中华码头公司、章华毛纺公司，并投资银行和保险业，刘鸿生也成长为中国著名的实业家，新中国成立后还曾受到过周恩来总理的接见。

大中华让中国人少用洋火

自1919年“五四运动”以来，包括1925年“五卅惨案”后掀起的反帝反日高潮在内，抵制日货始终是历次运动中高扬的爱国旗帜。这为民族工业的发展提供了极为有利的国内环境，日商在华火柴厂由是受到极大抑制，日产“猴子牌”火柴在中国基本匿迹，鸿生火柴厂在这种有利的条件下迅速发展。

由于瑞典在国际事务中采取中立立场，中国的历次抵制“洋火”的运动对瑞典火柴的冲击都不大。瑞典有生产火柴的悠久历史，该国利用第

“五卅惨案”后民众集会游行

一次世界大战的时机，兼并了欧洲不少国家的火柴厂，形成了火柴托拉斯。日商火柴在华退市后，瑞典火柴厂便乘机扩张在华的垄断势力，在上海兼并了日商燧生火柴厂，在东北又兼并了一批华资火柴厂，制造廉价副牌火柴，运到华南一带大量倾销。其间，瑞典火柴商也曾提议收购鸿生火柴厂，刘鸿生以条件不合拒绝了瑞商的收购企图。瑞典火柴便以成本价一半的价格倾销，企图以此压迫刘鸿生等中国火柴厂商退让。

面对瑞典火柴托拉斯企图垄断在华火柴工业的威胁，刘鸿生于 1928 年 8 月向全国火柴生产厂家同业发出了《合并起来，厚集资金，一致对外，协力图存》的告火柴同业书：

窃国火柴一物，为家常日用之品。我华地大民众，全国销之广，岁以金钱计，当不下千万之巨。其为重要实业，奚待繁言？顾国人自设之厂，虽有多家，然均规模简陋，不足以言发展。遂令耽耽外商得日事侵略，攫我巨利以去。然设计之毒，侵略之狠如瑞中公司者，实尤为我国货同业之最大隐患焉。该公司为瑞典商人所组织，以垄断世界火柴营业为其唯一目的，设立以来，除法国火柴事业属诸国有外，其他各国火柴厂，大多数被其收买兼并。三年前，颇称著名之日本磷寸，尚在归并之列，此外可想而知。东三省及青岛各地，亦有数厂被其收买。目下该公司规模之大，获利之厚，以视我国货各厂，何异天渊之别，而其并吞野心则(从未)因此少戢。我苏省同业至今犹得幸存，在彼视之，不啻眼中之刺，时以拔除为快。幸我同业各厂，深明大义，迄未受其收买，故至今无从下手。然其处心积虑，未尝一日忘情于我国货各厂，固不待蓍卜而后知也。考该公司所出火柴，如凤凰牌、桥牌等，品质优良，确在国货之上。销行我国通商各口岸，为数之巨，而尤以长江上游为最盛，虽在穷乡僻壤，亦时有所见。外货侵略之锐厉可畏，于此可见一斑。我国货同业处此情势之下，前途岌岌，极为可虑……

刘鸿生不但从民族大义的高度提出了火柴同业合并的建议，还具体分析了火柴同业合并的六大好处：可以减少对内竞争，以免自相残杀之害；可调剂出厂数量，以期供求之适合；可通盘筹算，最合经济原则；可以直接定购大宗原料，省洋行佣金，得廉价利益；可聘请专门技师，改良出品，与外货竞争；凭借新公司负担力较强，一切改良事宜，可以次第实行。

接着刘鸿生又提出了合并的五条具体办法。1928 年，刘鸿生联合荧昌火柴厂老板朱子谦等成立江苏省火柴同业联合会，选举实业巨子张謇担任会长，联合会规定：共同议价，避免自相降价。同时向国民政府联合上书，要求限制瑞典火柴进口数量；还组织抗议、罢工活动，以求得政府减低火柴捐税。

经过 33 次协商，鸿生、荧生、中华三大火柴公司终于在 1930 年 5 月 30 日签订解散原三家公司、合并股份以成立新公司的协议，并于 7 月 1 日正式成立大中华火柴有限公司，资本总额达 191 万元，刘鸿生出任大中华火柴有限公司总经理。

大中华火柴公司投资方合影
（前排左三为刘鸿生）

大中华火柴有限公司成立后，又兼并了九江裕生火柴厂、汉口燮昌火柴厂、芜湖大昌火柴厂、扬州耀华火柴厂等火柴企业，形成了实力强大的中国火柴集团。在刘鸿生的主持下，较大幅度地更新了中国火柴生产的设备与技术，从而使中国火柴具备了与瑞典火柴竞争的实力。

经过一系列改革措施的实施，以及各项艰苦的竞争努力，大中华火柴终于打败了瑞典火柴的猛烈进攻。到 1931 年，大中华火柴已占据了大半个中国火柴市场，加上其他中小火柴企业的产销，可以说，不仅中国人用的基本上是国产火柴，中国火柴还大量销往南洋各地。这是刘鸿生为民族火柴工业作出的重大贡献，刘鸿生也当之无愧地获得了“中国火柴大王”的赞誉。

历经日军侵华战争和三年内战，中华火柴公司苏州鸿生火柴厂也历饱受磨难。新中国成立后于 1956 年实行公私合营，随着企业的社会主义改造，鸿生火柴厂实现了机械化生产，鸿生厂生产的火柴不仅供应国内市场，还远销亚非各国。

火柴退市鸿生精神不灭

进入 20 世纪 90 年代，火柴渐渐从我们的灶台上和口袋里消失，被电子打火机、电子打火枪所取代。1992 年，鸿生火柴厂走完了它 72 年的灿烂历程停产关歇。

然而对于苏州人来说，那贴着“宝塔”标牌的火柴曾经照亮和温暖过千家万户的生活，并给人们留下了不少美好而温馨的回忆。鸿生火柴厂的贡献并不仅限于此，它还曾经利用自己的资金和技术力量，成为胥江化工厂、胥江木模厂、胥江机械厂、胥江化机厂、胥江钢铁厂的孵化器，苏州本土有不少现代工厂都是从鸿生火柴厂蹒跚着走出来的。

鸿生火柴厂今貌

如今，鸿生火柴厂的大部分厂房已经被铲平，成为护城河绿化带的一部分，唯有那一座青砖和红砖混砌的洋式建筑还保留着，成为某企业的会馆，今天的企业家们时不时到那里喝咖啡聚会，他们一定会由这座房子而去怀念中国民族工业的一位巨人——刘鸿生，追忆和缅怀刘鸿生的创业精神、民族情怀和民生理念。

火柴正渐渐远离人们的日常生活，宝塔却依然高高挺立。刘鸿生留给我们的是一座民族工业奋斗的丰碑。

商德与公益:活跃于市民公社的苏商

许冠亭

苏州商民首创市民公社

1909 年 6 月,苏州观前街的商人们酝酿创立了观前大街市民公社,这是在中国前所未有、且仅在苏州出现的一种地方自治团体。成立的直接起因是为了预防火灾。邻市宫巷一再发生火警,由于事前防范做得不够细致,到救火时慌乱失措,既没有地方汲水,也没有人手操作水龙,结果火势难遏,酿成了灾害。在观前街这样的商业繁盛之地,一旦发生火灾,后果将不堪设想。成立市民公社的更深层次原因在于观前街商人们一直就有自治的想法,恰逢清政府开始倡导地方自治,所以希望"资群策以谋公益",将市民公社建成地方自治中的自治团体之一,其职责除了救火之外,卫生、道路之事亦次第进行。由于所蓄自治之志已久,所发办社之力深厚,一唱百和,于是推举担任苏州商务总会会董和自治研究会成员的怡和祥洋货店商董施莹等草拟社章,领衔申请。1909 年 6 月,施莹等拟就呈江苏苏属地方自治筹办处的禀文以及观前大街市民公社的章程草稿,禀文中阐明了

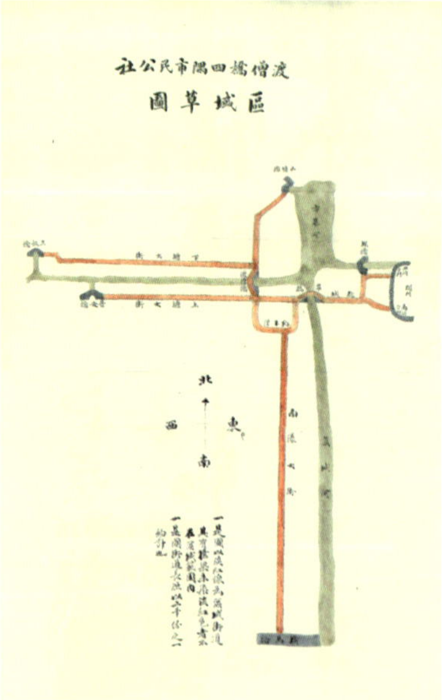

渡僧桥四隅市民公社区域草图

金门

建立市民公社的原因和目的："窃商等住居观前大街，经营商业，历有年所。第观前大街，分观东、观西二名称，地居冲要，店铺林立，从前办理各事，虽有施行之效验，尚无联合之机关。商等目击情形，急思振作，爰拟组织公社，自醋坊桥起，察院场口止，如关于卫生、保安等类，集思广益，实力试办，取名苏城观前大街市民公社。非敢云成效之必良，仅就商等本街上耳目所及，力苟能为者，和衷商办，以图进行之办法，仰副贵处殷殷求治之至意。"然后请苏州商务总会代为转呈禀文及章程草稿。苏州商务总会在向江苏苏属地方自治筹办处转呈时说明了观前大街市民公社与地方自治、地方官治的关系："据职商施莹等略称：窃查城、镇、乡地方自治，限期成立，凡属商民均有应尽之义务，今拟联合同志，组织团体，以专办地方公益事宜，辅佐官治为主，定名曰苏城观前大街市民公社。一切宗旨、办法，均不出地方自治范围以外，期与官治无相抵触。"江苏苏属地方自治筹办处接到苏州商务总会转呈的禀文、章程草稿及苏州商务总会的转呈说明后，当即察核禀词及草章各条，认为一切宗旨、办法均不超出自治范围，施莹等职商"热心实力，深堪嘉尚"，但考虑到地方自治乃辅官治之不及，因此必须接受该管地方官的监督。而根据江苏巡抚的通饬，地方自治需要统一机关以免纷庞什错。地方自治的统一机关为自治公所，必须由地方官推举城厢公正明达的绅士来设立自治公所，选举成立议事会、董事会，限 1910 年 6 月以前一律成立，只有在自治公所正式成立后，方有法人资格，才可以逐步划定区域筹办自治。因此，江苏苏属地方自治筹办处在 1909 年 7 月 15 日照会苏州商务总会，表示暂准施莹等职商所请组织市民公社，但要求施莹等的禀文必须直接报该管地方官立案，先行切实试办，以作为地方自治的模范。江苏苏属地方自治筹办处要求苏州商务总会将照会内容转观前大街所在的长洲县地方官一体知照。然后苏州商务总会相应备文，移请苏州府知府、观前大街所在的地方官长洲县县令赵梦泰、巡警总局及中路巡警烦为照办，准予立案。

观前大街市民公社获准立案后，规定符合“有本社社员介绍”、“年满二十五岁”、“住居本街或营业本街满一年以上”这三项条件的可以成为该社社员，由全体社员公举施莹担任总干事，总理观前大街市民公社一切事宜，并定额设置副干事、评议员、书记员、会计员、庶务员，以分别承担社内有关决定、执行、监督等各项事务。另外还不拘数额设立名誉员和赞成员，名誉员，由该社公举本城公正士绅担任，不以居住在本街区为限；赞成员亦不以居住在本街区为限，凡协助该社之经费与愿尽该社之义务者，均可以推为赞成员。在观前市民公社试办一年的时间里，会员们及各位办事人员按期开会，各陈意见，由公众决定，并一一付诸实施。会员们或量力输资，或克尽义务，其间措施之当、会计之审，条理秩然、成绩粗具。观前大街市民公社虽设在市街繁盛之区，但是并无买卖经营关系，纯属地方自治性质，因此得到了苏州地方官的支持，长洲县县令赵梦泰慷慨地捐赠了一些银两以奖励公社的工作，苏州巡警道汪瑞闿致函苏州商务总会建议其利用“登高一呼、众山皆应”的号召力广为提倡，鼎言劝谕各处市廛繁盛之区的号商铺户“组织市民公社多处，以期集思广益”。

自治不局限在一隅，公社亦不局限在观前，在庆祝建社一周年之际，观前大街市民公社希望各处闻风继起，协力组织，假以时日，便可以合无数小团体成一大团体，振兴市面，扩张权利，“不惟增无量之幸福，更且助

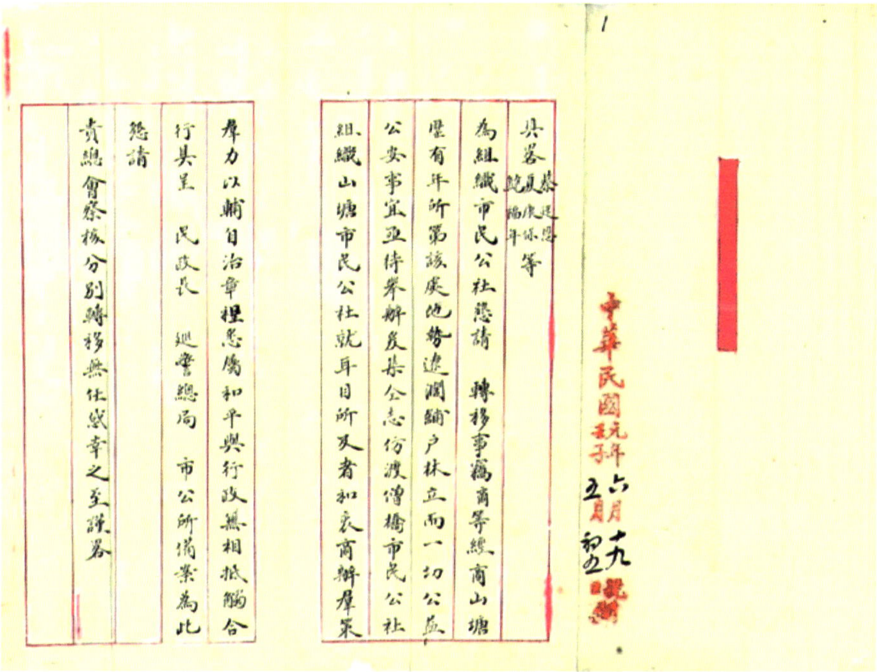
具呈 蔡廷恩 等
為組織市民公社懇請 轉移事竊商等經商山塘
歷有年所第該處地勢遼闊鋪户林立而一切公益
公安事宜亟待舉辦爰恭公志仿渡僧橋市民公社
組織山塘市民公社就耳目所及者和衷商辦羣策
羣力以輔自治章程懇屬和平與行政無相抵觸合
行具呈 民政長 巡警總局 市公所備案為此
懇請
貴總會察核分别轉移無任感幸之至謹呈
中華民國元年壬子 六月十九 五月初五

“呈为组织山塘市民公社事”公文

宪政之进行”。1910年7月,阊门外渡僧桥四隅职商韩庆澜等积极响应,参仿观前大街市民公社的章程和办法,领衔申请试办渡僧桥四隅市民公社。1910年9月,金阊下塘大街东段市民公社、道养市民公社分别于1910年9月、12月申请试办。辛亥革命后,中华民国建立。1912年,苏城阊门外山塘、齐溪、金阊、桃坞、齐溪、临南、临北、胥江试办市民公社。1913年,苏城临平、娄江、葑溪试办市民公社,原金阊下塘大街东段市民公社和桃坞市民公社合并改组,联合试办金阊下塘桃坞市民公社。1918年,苏城护北公安试办市民公社。1919年,苏城阊门马路、城南、郡珠申试办市民公社。1921年,苏城双塔四隅、城中、胥盘、上山塘试办市民公社。1922年,苏城山塘下塘试办市民公社。1923年,苏城盘溪、护中试办市民公社。1924年,城北、金门(后改称新阊)、金阊中市(有些论著在统计时漏掉了)、枫江试办市民公社。这样,从1909年观前大街市民公社创建直至1928年市民公社解体消亡为止,苏州有案可稽的市民公社共30

个，如果考虑到后来金阊下塘东段和桃坞公社合并而成金阊下塘桃坞公社，则为29个。在苏州城区各街区成立市民公社的过程中，苏州市民公社联合会于1921年2月成立，社址设在祥符寺巷云锦公所，由苏城各市民公社轮流担任司年，藉以加强市民公社之间的联合。按照现今苏州城区范围，须计入吴江在1922年至1924年间出现的吴江城区（松陵）、黎里、同里、八坼、震泽、盛泽、平望等7个市民公社。按照现今苏州市政府管辖范围（近似于清朝苏州府管辖范围），还须计入常熟在1922年出现的虞南、常境、熟境、虞东、九里、琴南、北区（后改名为城北）、中区、琴东、南区、琴北、东区、西区、藕渠等14个市民公社。1922年，常熟也成立了海虞市民公社联合会，社址设在常熟县图书馆，由各公社轮值。

李明在《苏州市民公社解体的缘由——清末民初苏州民间社团组织个案研究》（《学术月刊》2001年第12期，第86页）中指出，市民公社是"聚居在同一街区的以工商界坐贾、手工业者为主的城市居民，为谋求社会公益，提供社会效能，以自发集社的方式志愿组合起来的独立的非营利性整合组织。它既是清末民初街区社会公益管理的主体，亦乃地方基层公共权力之主要形式"。苏城各市民公社的会员包括所辖街区的商户和住户，属于地方自治性质。但根据档案资料，市民公社的发起人和主要职员中的绝大多数人是在社会上较有影响的中上层商人。在今天可见的档案资料中所存15个市民公社197名正副社长名单中，商人占了169名，其余28名是退职官员、律师、小学校长、小农场主等。根据部分市民公社的试行简章，有选举权的会员必须缴纳会费，如《城中市民公社试行简章》规定"经常费"的缴纳："商店分两级：甲级月纳一元，乙级月纳五角，任凭自认。住民有选举权者，月纳三角；无选举权者免纳"。而档案资料所显示的市民公社选举人名单后大多注明所在商号名称，从这一点可以看出，市民公社选举人是代表店铺参加选举的，所以往往就是商号的董事长或经理，其经济地位和参加选举的意愿显然高于市民公社所在区域内的普通市民。

商人在市民公社中的主导地位，势必对市民公社的活动内容和活动方式有所影响。但正如李跃在《苏州市民公社研究》中所指出的那样，我们并不能由此将市民公社称为商人组织，因为市民公社的宗旨和发展目标是推动街区整合，促进地方自治，增进市民幸福，谋求宪政的实现。

苏州市民公社的主要活动和办事范围

市民公社的建立宗旨往往大同小异，普遍在社章中规定“本社以联合市民，互相保卫固有之权利，及筹办范围以内一切公益事务为宗旨”，所以办理“本街公益之事”是市民公社的主要活动内容。市民公社在运作过程中不断延伸公益活动内容，从最初的消防安全、街道整治逐渐扩展延伸到卫生防疫乃至教育宣化、慈善救助等各项事业。如1912年成立的齐溪市民公社，其成立简章所列的主要活动包括：(1) 学务(夜学、宣讲团、阅报社及其他关于开导感化等事)；(2) 卫生(清洁道路、辟除污秽、施送医药、防救时疫、劝导戒烟及其他关于卫生等事)；(3) 工程(修缮道路、修建桥梁、疏通沟渠及其他关于一切工程等事)；(4) 善举(借本所、施棺及其他关于一切善举等事)；(5) 保安(商团、救火会及其他关于一切保安等事)。该社决定对所列活动内容“目下择要先办，余容继续办理，俾可由迩及远”。在市民公社的努力下，清道、缮路、通沟，便行人，燃路灯，等等，有条不紊地进行着，苏州逐渐展现出了近代化城市的新面貌。市民公社还进行维护市民经济政治权益的活动，对政府机构及其官员进行监督问责，对军队扰乱地方的行为进行干预劝导，力求保境安民。市民公社还以各种形式响应和支持“五四运动”“五卅运动”等反帝爱国运动。

1. 改善火政、市政，扩建商团自卫力量，弥补官治不足，保障城市安全。

市民公社井

防火救灾是观前市民公社的创议之源，也是每一个市民公社的重要事务。市民公社加强预防，除了加强水龙修理、添补水缸、人员配备等消防安全措施之外，还推进井泉浚凿、沟渠疏通、桥梁修造、街衢修缮等相关工程，改善市政设施和商业环境。如淫雨连

志成桥

旬，沉霾未已，一遇天晴，则浊气熏蒸，容易酿成疠疫，因而清洁道路、蠲除污秽卫生之事特别迫切。而为了夜间照明，城市街巷又开始逐步安装路灯。市民公社兴建或重修的市政成果如"道养市民公井""金阊市民公井""公和桥""志成桥""乘骝桥""通济桥"等至今尚存，成为市民公社的历史见证。一些年久失修的重要桥梁，仅就市民公社来说显然无权也无力维修，市民公社就及时通过各种渠道向地方官反映情况、提出办法、督促实施、协力完成。市民公社还与苏州商会联系吸收旅沪同乡会的凿井专项捐助，然后选址开挖，解决居民饮水困难，增进公共利益。

电话报警是当时治安消防最快捷的通讯方式。星星之火，足以燎原，信息灵通，火灾就能及时扑救。但当时苏州电话总局绌于经费，尚未设立通宵接线班，晚上 12 点后就停止工作了。观前市民公社在成立不久，就致函苏州商务总会，要求其与苏州电话总局交涉，凡关于地方治安，如火警等情况发生，应不分昼夜为之接线，尤其是在夜半 12 点以后，可以不拘于常例，随时接电；并请求将现在安装电话的各处号单即日分送以便市民公社预行知照。苏州商务总会一方面移会苏州农工商局，一方面直接致函电话总局进行交涉。苏州电话总局想方设法，添装警睡之铃，电话来时，铮铮有声，能使接线员尽早接线，以应不时不虞之需。这对迅速调集力量及时处置匪警、火警等各种电话报警是很有益的。

苏城市民公社存在的最后几年，政局混乱，市民的生命、财产安全都受到极大的威胁。对此，一方面各市民公社要求江苏军政司严定军律、严饬管束军队，同时也被迫承担各种军需杂捐以应付驻军索取给养，以防止驻军反过来残害市民；另一方面又纷纷扩建商团，藉以"辅佐军警保卫地方治安，维持公共秩序"。如1924年，盘胥市民公社为应时势需要，经同人集议，组织了商团一队，其中正副部长各1人、评议8人、干事14人、司令2人、队员42人，成为商团第十三支部。其他如城北市民公社设立了商团第十四支部，山塘市民公社设立了商团第十六支部等。在时局紧张的非常时期，市民公社担心发生非常事故时会有游民匪徒乘机滋扰，于是便先事预防，以谋自卫。如1927年初春北伐战争发展到长江流域时，道养市民公社向各米店、糟坊预借麻袋，为的是在紧要之时能够在要隘之处堆积沙袋，以防意外。

2. 开办平价米店、济粥厂和平价饭店，设立收容所，对城市贫民和外来难民实施帮困救助。

苏城商民贫富不一，帮困救助有助于街区和谐，但需要采取有效的手段。苏城各市民公社想方设法，采取了多种手段，并取得了一定的成效。

民以食为天，粮食供应是最基本的保障。苏州原本是由官办的丰备仓进行平粜，以抑制粮价。但1912年由于平价米源接济出现困难，丰备仓平粜只能停办。金阊市民公社为减轻贫民口粮负担，筹办平价米店，特赴安徽芜湖购买廉价大米，原本打算购米五千石，由芜湖用船运经长江至南京，再从南京用火车走铁路运至苏州，但在从芜湖购得两千石大米运苏后，考虑到运粮所经长江河道风浪险恶，民船很难如期抵埠，如果平价米开卖之后，来米不能继续跟进，会有不良后果，所以，市民公社紧急改赴无锡就近购米三千石，以补足五千石原数。9月20日是金阊市民公社所设德馨里、旧宫院内两个平卖处的开卖之期，规定每升米限价50文，以顾恤贫户，接济民食。不料，从无锡购买的大米受到无锡地方税务部门的截留，金阊市民公社社长洪玉麟不由心急如焚，因为平价米店既已开卖，贫户嗷嗷待炊，尤其不得阻碍。他急函苏州商务总会总理尤先甲，请其函知江苏都督府财政司迅速电饬无锡税务所长，查验护照，免税放行，以保民生。在市民公社的努力下，米最终及时运抵苏州，平粜接济平民，解了米源不足的燃眉之急。1920 年6 月，因当时米价频涨，百物皆贵，小民生计日蹙，工匠常有罢工。而丰备仓分设五局平粜不足供应，不能普济贫民。金阊、道养、临北等 17 个市民公社多次根据贫民的报告，会商各种补救办法，一是联名致电江苏省长及道尹、厅、县转令丰备仓董，从速减价发粜，切实整理，力谋普及；二是又联名致函苏州总商会，请其会商米业董事，劝导各大行商，共济时艰，慨认若干石，平价分粜各米店，以助民解困；三是要求政府和商会设法采办安徽、江西等地客米，严查囤积居奇，通过增加供应量来降低米价。

接受施粥的灾民

为了缓解贫苦市民食不果腹的困境，市民公社还利用政府拨发到总商会的充公米开办了济粥厂，向贫民提供免费粥食。娄江市民公社由潘邦俊、周景梁等 8 人发起，刘正康、冯心支等 16 人赞成，乐善资助，并向大商人庞天笙、苏绍柄等募捐，制订《娄江平价饭店简章》，在娄门外大街组织开设了娄江饭店，这家平价饭店的宗旨是“专为苦工劳力之人不便自煮饭食者而设。不限区域，无论何处贫民，一例照卖。惟只准来吃，不准买回”。娄江饭店在经营中“碗则放宽容量，饭则减收半价，另备蔬汤，不取分文”，以此来弥补平粜难以普及之不足。

自然灾害和社会动荡，特别是战争的发生及军阀的劫掠，造成了大批难民。1927 年春，苏州城内外出现了大量饥寒交迫的难民，苏城各市民公社立刻展开救助行动，纷纷筹组收容所，推举主任，筹募经费，给难民提供临时住所、必要的食物和其他日用品。这种社会救助活动不仅体现了社会关怀，也有利于城市经营活动和居民生活的安全与稳定。不少难民在苏城各市民公社的救助下，度过了艰难的时期。

3. 要求参与工巡捐局的管理，反对印花税勒销，维护商户和居民的共同权益。

1920 年 8 月，吴县按照江苏省关于工巡各捐由地方自办的规定，议设工巡捐局。吴县知事详省核准，选任地方士绅孔昭晋、宋铭勋、钱鼎、金树芳、冯世德、蒋炳章、潘利谷 7 人担任工巡捐局董事，吴县全部 5 位省议员均名列其中。对此，渡僧桥四隅、阊门马路、胥江市民公社界内市民就县署举董一事群相诘问各位正副社长，大家一致认为县署集会不公、举董失当，因为苏州警察厅原有杂捐收入项下月约 5000 元，年共 6 万元，其中城内茶肉捐、骑轿捐不及 1 万元，其余 5 万多均由城外阊、胥、盘区域商民负担，而非由苏州全部商民输纳，从前警厅办理教练所、游民习艺所、济良所各机关所需经费，都取给于此，这种行政捐款行之已久，事实相沿，原非公普之道，自阊、胥、盘区商民成立市民公社后，政府举办公益无不函令咨询，但这次吴县知事奉令召集绅董会议，竟置阊、胥、盘区市民公社于不顾，没有告知纳捐商人，甚至没有通知纳捐商民领袖到总商会列席会议，仅召集少数士绅作出决定，而且工巡各捐由地方自办的提案者为省议员，苏州工巡捐局怎能以提议之人担任管理之事呢？商民不能仅有纳捐之义务、而无过问之权利，吴县知事的做法实在有失公允。于是，9 月 1 日，渡僧桥四隅、阊门马路、胥江市民公社各职员联合召开会议，会同讨论，一致议决否认县署推举的工巡捐局局董。9 月 6 日，渡僧桥四隅、阊门马路、胥江市民公社各位正副社长为此致函苏州总商会察核施行，又呈文江苏省省长恳请另选工巡捐局董事。呈文特别指出，“省议员处监督行政机关，何等清要，岂容兼管地方行政事务？”“公民等既不敢承认此次遴选董事为合法，尤不敢承认此次召集地方会议为有效”，要求省长发文让“吴县温知事重行召集，加入阊、胥、盘区域各市民公社一体会议，另加遴选”董事。围绕选举工巡捐局董事之争的结果导致“局董辞职，局务停顿”，不得不另设评议部以平息纷争，但因评议员名额分配问题，各方又争论不休，结果犹如“抱薪救火，愈陷于不可收拾之地位”。这场关于工巡捐局局董及评议员名额分配的斗争持续了三年之久，最终也未能真正解决，但体现了各市民公社商民维护权益的立场。

印花税是对书立和领受的应税凭证征收的一种税，其特点是由纳税人自行完税，并实行“轻税重罚”的原则。苏城历年检查印花税，均由苏州总商会会同各市民公社职员、会同警区挨户检阅。但 1926 年 1 月，江苏省财政厅印花处有一赵姓委员以检查印花为由，依仗省令挟持巡警，并闯入大小各店柜台以内，翻弄账箱、倒乱账夹，搜索汇款证券，重额勒销千元百元。令惟口出，一旦不遂其意，便加恫吓，并需索罚款。这种以“检查为名，派销其实”的行径引起了市民的惶骇，顿时群情愤激。金阊等 10 个市民公社认为，这种做法不顾以往成案，蔑视商会，也不体恤商艰，简直就是苛扰，如此骚扰，民何以堪？于是，10 个市民公社联合致函苏州总商会要求加以核查，并“迅予通电省公署，将赵委员撤销。所有印花销售手续，仍照历来成案办理，俾安营业，而顺商情”。苏州总商会致电江苏省省长：“迅令印花处转令赵委员刻日回省，所有检查事宜，仍照向章办理，以杜纷扰，而安商业。”此事平息后，在吴县印花税支处的要求下遵照以往的规定于 5 月 1 日开始印花税检查。苏州总商会推举会员会同各市民公社执事与各区警署协同检查，并由商会大宗代销印花，各商号向总商会趸购分贴，以图与税法商情两有裨益。

不过就在同年 6 月，又有吴县印花税支处派出检劝员向各商店销售印花，引起各商店纷纷议论，认为这样做是榧销，以致都去诘问。苏州市民公社联合会认为吴县印花税支处这种做法与商会大宗代销势成抵触，除了会扰乱商市，对于税收并无益处。于是迅速致函总商会，表示此前漏贴之弊确实属于鲜见，历届办理还算周妥，而现在各种印花不仅种类多，而且各商店即使偶有旧存印花，也均为官厅所发行，岂可轻言作废？似此政令不断出现分歧，信用何在？何况在商业凋残之余，怎能再有病商之举？苏州市民公社联合会要求总商会向现在市上榧销的印花税发行处严重交涉，对于以前旧存印花，必须在贴完后方可启用新花，并将适用时期明白宣示，这样可以使少数不谙税情的商店得以遵章实贴，免受无辜之罚。迫于压力，吴县印花税支处不得不对检查劝销印花一事做出相应的解释，并承诺“准商民自愿酌买印花”。

4. 以各种形式响应和支持“五四运动”、“五卅运动”等反帝爱国运动。

1919 年，北京学生“五四运动”爆发后，苏城各市民公社大力支持学生的爱国行动，并用实际行动来响应这一爱国壮举。如当时各地都发起抵制日货运动，苏州各市民公社利用这一时机，劝导市民勿燃私售有日资渗入的振兴公司之电灯，各灯户纷纷剪去振兴灯线，另至新厂装燃照明。

1925 年，上海工人发动了“五卅运动”，苏州市民公社联合会与苏州总商会等一起通电声援，积极支持上海工商学联合会的斗争策略。在苏州各界召开援助“五卅运动”募捐联席会议时，观前大街市民公社庞复庭、护中市民公社范君博等参加会议，并慷慨解囊。会议决议将前日募得的捐款暂存在义康、庆泰两家钱庄，汇交上海总商会救济工人。这些都反映了苏州市民公社的会员们关心国家命运并不懈努力奋斗的史实。

苏州市民公社的终结

苏州市民公社的创立及其活动的开展，在苏州城市发展历史中产生了重要的影响，显示出苏州商人的组织创新能力和为改变街区商业环境与居民生活的奋斗精神。不仅如此，苏州各市民公社还不断扩展活动内容和延伸活动范围，反映了苏州商人的民主意识、民族意识和爱国意识。

然而，苏州市民公社作为街区自治组织的性质又决定了它并不同于一般商人的互益型组织。它的建立是商人们地方自治原素积累激发的结果，它在清末自治运动开展中得以试办，它在民国初期民权意识激荡、国家政权更迭、时局动荡等

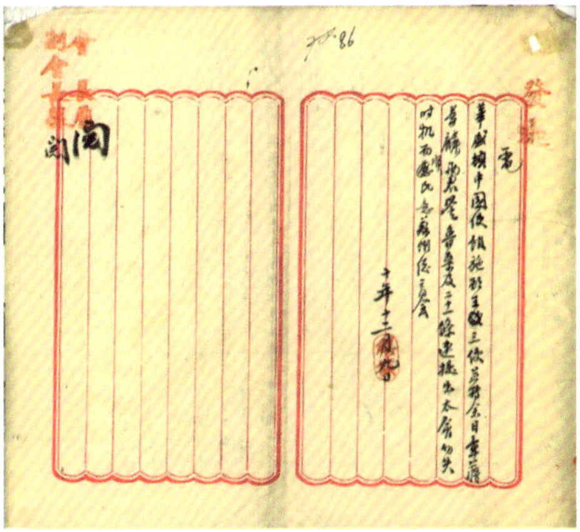

苏州总商会为《二十一条》事电中国驻美大使

因素影响下获得社会合法性，并得到继续扩展，苏州市民公社又以其活动的开展体现了实际的社会存在价值。但它存在的政治合法性即宪政的有效实施却并未能实现，与此相应的，苏州市民公社的行政合法性也一直没有实际取得，所以苏州市民公社始终处在试办的状态。这一方面说明，市民公社的组织创新和活动开展植根于苏州的社会经济土壤，其以标新立异而在近代中国可谓独树一帜；另一方面又显示，苏州市民公社存在其不能复制转移的制度困境，这是中国其他城市再也找不到以市民公社命名的街区自治组织的根本原因。

在这样的社会环境和制度条件下，一直处于试办中的苏州市民公社在取得成绩的同时也积累了各种问题。其试办中的命运最终也受制于当时的社会制度背景，同时也就决定了它的历史命运，一方面苏州市民公社在试办中自身也在不断出现问题，如市民公社组织的会员制结构固然能使之获得必要的会费收入而得以运作，但也使之无法得到所在街区全体市民的参与和认可，而市民公社活动本身的公益性又会在一定程度上失去某些会员投入的积极性，拖欠会费等现象时有发生，市民公社经费的捉襟见肘、入不敷出也就难以避免，内部的各种矛盾也会不断积累，选举中的竞争失和与少数职员中饱私囊等，都在损害着市民公社的组织形象和实际的运作。另一方面，1927 年春国民党政权建立后逐步加强了对地方社会的控制，地方政府开始设立各种城市公共事务管理的相关机构。苏州先是成立吴县临时行政委员会，扩充政府职能，分设民政、财政、公安、公益、教育、实业、交通等七局，在政府机构与市民公社权限的划分上，政府划定："公社业务，如修缮道路，疏浚河渠，现隶交通局；消防久归救火会；即卫生亦系公益、公安局职权，究竟该公社对于上列各种业务，与交通、公益、公安三局如何划分权限，亦应一并预为规定。"此后的市民公社活动空间便非常有限，除少数市民公社还在从事卫生、城防及开办平民夜校外，大多数已停止了各项活动，处于名存实亡的境地。1928 年春，国民党苏州市政筹备处对苏州城设区管理，政府机构向街道延伸，因而开始对市民公社进行全面接收，"饬各区接收市民公社，以资整顿"。当时的见证者周襄钧老人回忆说："市民公社解散时，约当北伐胜利成立市政筹备

梦里水乡

处之后，即由七个区行政委员办公处分别接收。”这样，存在近20年的苏州市民公社就此消亡。

朱英教授在《晚清经济政策与改革措施》一书中精辟地指出：“市民社会的产生，关键是看城市社会经济的发展程度以及与此相应的社会力量的成熟与否，同时还要看国家是否让渡出建立市民社会所必需的独立社会活动空间。”苏州市民公社是商人广泛参与并较大程度影响其他阶层市民的街区性自治组织，其宗旨是成为“独立社会之起点”，尽管居民自治的独特作用和社会意义无疑不会被政府的职能作用完全取代，尽管活跃在苏州市民公社的商人们曾经充满道德热情为苏州城市的公益事业作出过重要贡献，但政府加强对城市的条线管理和分区管理挤压了市民公社的活动空间，国家政权的强化最终以整顿之名结束了始终只有“试办”之名苏州各市民公社。

附录：苏城观前大街市民公社简章（宣统元年五月）（1909 年 6 月）苏州市档案局编《苏州市民公社档案资料选编》第 37—39 页。

定名　本社只就苏城内观前大街，东至醋坊桥，西至察院场口，试办市政。定名为苏城观前大街市民公社。

宗旨　本社以联合团体，互相保卫，专办本街公益之事为宗旨。

办法

（甲）　关于卫生上：如清洁街道、凿井、通沟等事；

（乙）　关于保安上：如修理水龙，添补水缸等事。

入社　凡合于下开三项者，均得为本社社员：

（甲）　有本社社员介绍者；

（乙）　年满二十五岁者；

（丙）　住居本街或营业本街，须满一年以上者。

凡下开三项，不得入社：

（甲）　营业不正者；

（乙）　失财产上之信用者；

（丙）　患有疯癫疾者。

出社　凡本社社员有犯下开各项者，即令出社：

（甲）　干犯刑宪；

（乙）　违背本社宗旨；

（丙）　破坏本社名誉；

（丁）　不缴社费满一年者。

职员　本社职员，如总干事、副干事、评议等员，经全体社员之公举，以一年为任期。连举得连任。

总干事：一员。

副干事：一员。

评议员（数额由全体公决）。

名誉员（不拘额。由本社公举本城公正士绅，不以居住本街为限）。

赞成员(无定额。凡协助本社之经费,与愿尽本社之义务者,亦不以居住本街为限,均得推为赞成员)。

书记:一员(由总干事、副干事、评议员共推,不限任期)。

会计:一员(同上)

庶务:二员(同上)

职务

总干事:总理本社一切事宜。

副干事:协理本社一切事宜。总干事有事故不临社,副干事得代行总干事之职务。

评议员:有评议本社事件,凡关于工程等项,经费之预算、决算,经评议员过半数之决议者,均宜施行。

书记员:掌本社函牍,及记载报告等项。

会计员:掌本社收支款项,按月报告。

庶务员:掌本社庶务,及购办物料,监察工程等事。

经费　本社经费,分入社费、常年费、特别费三项:

(甲)　社费:五角至五元。

(乙)　常年费:按月二角至一元。

(丙)　特别费:不拘数。

会期　本社会期,分常会、年会,按月一期。评议员均需到社。如有特别提议事件,总干事得召集全体社员,开临时特别会。

社所　由全体会员公决。

附则　此系暂行试办章程。年会时,得由全体公决修改。

冷水青旸:苏州的洋关、租界和外企

谭金土

始建于元大德二年(1298 年)的觅渡桥据说是一位法号敬修的和尚四处募捐、化缘而兴建起来的。那时的苏州人一出葑门,但见水天一色,四野茫茫,欲登彼岸只有渡船可达,摆渡的船户便拿捏起架子,甚至敲起竹杠、强行勒索起渡客来。于是敬修和尚便化缘造起了桥梁,灭了渡口。

觅渡桥

敬修和尚募建的“灭(觅)”渡桥似乎为桥及其周边写下了一幅巨大的佛家偈语,让后世在此处设置洋关和租界的中外人士破解了一个世纪。

洋关,寻觅苏州和世界经济对接的渡口

海关是国家监督管理进出口国境的货物、物品和运输工具并执行关税法规及其他进出口管制法令、规章的行政机关。其主要任务是依照国家法令对进出国境的货物、货币、金银、证券、行李物品、邮递物品和运载上述货物、物品及旅客进出境携带货物、物品征收关税;查缉走私;编制进出境统计。它是一个国家经济权属的象征,更是一个国家和世界经济对接的桥梁,是世界经济融通的渡口和关卡。

洋关风景(油画)

清末甲午年(1895 年),苏州葑门外觅渡桥边设置了海关——民间称之为“洋关”。丧权辱国的《马关条约》第六款规定,辟苏州府、杭州府、重庆府、荆州府沙市四地为对外通商口岸。民国《吴县志》载:“苏州海关在葑门外觅渡桥。清光绪二十一年奉旨辟苏州为通商口岸。其明年,巡抚赵舒翘相度其地,建立此关,以收洋商进口税银,并奏请设关监督一缺,以苏松太粮储道兼摄其事。是年十月一日苏州海关正式开始工作。”民国二十六年(1937 年)11 月,日军侵占苏城,关务中止。民国三十二年(1943 年)10 月,汪伪海关总税务司行文改苏州关为苏州关转口税局,直至抗日战争胜利。民国三十四年(1945 年)12 月 6 日,苏州关奉令闭关。

清甲午年(1895 年)苏州海关的开设,是苏州历史上的一件大事,觅渡桥洋关是苏州被迫对外开放的标志,它犹如在苏州绵长高峻的城垣上

苏州关税务司旧址

开启的一个让外国人洞悉苏州、让苏州人见识外国的窗口。

首任苏州关监督即海关关长，根据赵舒翘的提议，由钦命二品顶戴、江苏督粮道陆元鼎兼任。海关监督公署的任务是监督海关税务司的工作。署址初设于带城桥下塘原织造府。民国十六年（1927 年）改设于书院巷前清江苏巡抚衙门，民国时期改由财政部管辖。民国二十六年（1937年）10 月，公署奉国民政府财政部令改为监督办公室，移驻苏州关税务司署办公，抗日战争爆发、苏州沦陷后，公署流亡上海。

清政府同时任命英国人孟国美（P. H. S. Montgonmery）为首任苏州关总税务司，钦命四品衔。税务司是海关具体业务实际上的掌门人，这个职位在苏州海关撤销前一直由外国人担任，这也是民间把海关称作“洋关”的主要原因。

苏州海关税务司署署址设在葑门外觅渡桥西堍。其控管范围较广——南至嘉兴，北抵丹阳，东到昆山。税务司署由税务司总理关事，设内外两班，办理报关、纳税及查禁走私业务。民国建立之前还兼管邮政业务。苏州海关初创时，只是临时在码头上搭建许多茅草棚，用作检查货物的场所。一年以后，才在觅渡桥西堍建造了几处海关用房。此外，沿河还建了验货房、码头和职员宿舍。

海关成立后，先后发布了一系列公告：《苏州关试行章程》《江海关华轮暨华商挂号民船来往苏杭沪试办章程》《江海关洋轮船暨洋商雇佣民船来往苏杭沪试办章程》。这些章程对进出苏州海关的中外船只的停泊地点、报关期限、装卸区域、检查办法、出港路线以及纳税办法等，都规定得十分清楚。如章程规定，船只的装卸区域暂定为西起盘门外相王墓对岸，东到觅渡桥；进港船只不论国籍，必须等待海关的泊位指令。章程还规定，外国船只应在进港后24小时内将船舶证书等提交该国领事馆到关申报。

苏州关税务司旧址碑

自运行起，苏州海关的税收总体上呈逐年上升态势。清宣统三年（1911年），苏州海关进出口贸易的年税收总额为688.21万两银，民国八年（1919年）增至1833.48万两银。

开关以后，苏州海关的进出口交易大幅上升。清光绪二十二年（1896年）开关当年，进出口货值总计为银15419两。到民国二十六年（1937年），进出口货值总计银430482两。但是开关四十一年来进出口贸易额的增减每年不同，并不是逐年递增，而是与当年的经济、政治形势密切相关。

经过苏州海关的货物，进口远大于出口。进口物资有棉布、烟草、杂货、五金矿石和油料油脂等五大类，品种五花八门，大到钢铁、机械，小到蜡烛、虾干、砂糖，其大宗的货物主要是石油、洋布和烟草。以民国八年（1919 年）为例，通过苏州海关的纯输入量为：从美国、葡萄牙、西班牙等国进口石油 560.21 万加仑，其中从美国进口的即为 462.89 万加仑，占总进口量的 82.9%；进口细白布和漂白床单布 28082 匹，进口卷烟 20 余万支。而出口物资的种类却少得可怜，大宗出口物资为苏州的棉纱、眼镜、茶叶及油菜籽饼等。同样以民国八年（1919 年）为例：全年共出口棉纱 60325 担，眼镜 62141 副，红、绿茶叶 10286 担，油菜籽饼 56638 担，油菜籽 10740 担，各类生丝 8231 担。当时苏州对外经济交往中巨大贸易逆差的记录，反映了旧中国经济与世界经济发达国家的严重落差，但苏州海关在客观上也确实开启了苏州经济与世界经济在新的经济秩序中的交往和交流。

苏州海关在《中华民国四年（1915 年）苏州进出口贸易情形略论》的报告中，谈及这一年进出口贸易比上年增加 53%，提及这一年出口贸易大增，特别是生丝出口比十年前增加了两倍，而“洋货进口之估值较上年减十六万五千八百三两”。在分析原因时，除认为受欧战影响外，报告还分析说：“而不知此外尚有一原因焉，即进口洋货中有数种前次由外洋进口者，今则中国自能仿制，渐次抵补舶来之货矣。兹试举一极佳之证据于下：棉纱一项，向由英国、日本、印度经上海而来，此种物品，按之本年进口大宗洋货表格，几归乌有。所以然者，本口纱厂皆以中国之棉纺纱，出数甚多，足供市上需要。棉纱如此，胰皂（即肥皂）亦然。1910 年时，进口胰皂有三千五百八十四担之多，自是厥后，年减一年，至本年止有二十四担矣。近年胰皂销路之畅，与棉纱无异。而自贸易册观念之，则进口日稀，适成反比例，其故由于申江设有制皂厂数处，所出之皂，足以供给。由是以观，棉纱、胰皂二者，亦可为土货发展商战上小胜之一证。”这是我国民族工业在与外国资本竞争中不断进步的实证分析。

清末，在苏州海关登记挂号从事贸易货物运输的中外商船年均保持在 10 艘以上，以洋商船居多。民国时期，登记从事贸易货物运输的商船增多,1931 年达 76 艘,其中洋商船为 9 艘,华商船为 67 艘。据 1934 年编纂的《最近三十四年来中国通商口岸对外贸易统计册》记载,自 1986 年至 1936 年,按海关普通行轮章程出入苏州巷的中外商船合计 191503 艘、6580871 吨位,年均 4671 艘、205652 吨位;自 1899 年至 1931 年,按内港行轮章程出入苏州港的中外商船合计 178763 艘、4867882 吨位(1899 年至 1904 年缺吨位数),年均 5417 艘、180291 吨位。这一统计数字说明苏州在中外贸易方面取得了长足的进步。

青旸地租界一带大马路

近代中国海关实行的是一套外籍税务司治理的制度,它的业务非常庞杂,除征收对外贸易关税、监督对外贸易之外,还兼办港务、航政、气象、检疫、引水、灯塔、航标等海事业务,同时还经办外债、内债、赔款及以邮政为主的大量洋务,并从事大量的"业余外交"活动,所以中国海关史涉及近代中国财政史、对外贸易史、港务史、洋务史、以及中外关系史等广泛内容,苏州洋关自然也不例外。

苏州洋关在开设早期做了不少和苏州城市建设、文化事业相关的工作:

根据中日《马关条约》第二款的规定,苏州海关道派员会同苏州士绅潘祖荫、日本官员荒川,勘定盘门外相王墓对岸青旸地以东至运粮河的地块为日本租界及泰西各国公共租界。苏州海关二等帮办、美国人福开森测量出的城墙周长在 10 英里(1 英里为 1.6093 公里)之内,而非过去所讲的 14 英里。福开森还用自制器具对围绕苏州城的河道进行测量,绘制

苏州洋关

了《苏州新境图》，他在图中按比例尺标明了苏州城及其附近地区地形、水网、河道流向、深浅及海关的厘卡分布位置，这幅图是苏州历史上第一份用现代测量方法绘制的地图。

光绪二十三年（1897 年）阴历二月五日，苏州创设邮政局，初名“苏州府邮政分局”，由苏州海关税务司管辖，这是苏州现代邮政业务的开端。

光绪二十六年（1900 年），苏州海关在觅渡桥附近设立苏州水文观测站，开始记录降水量、河道水位等水文观测资料。

海关设立后，苏州与上海、杭州等城市之间建立了定期水运航班，1897 年的旅客人数为 20 万人，到 1901 年上升为 35 万人。

在海关人员的参与策划下，光绪二十七年（1901 年）3 月 20 日，东吴大学于天赐庄博习书院旧址开学。与之紧邻的景海女子学校则在光绪二十八年（1902 年）动工。

1896 年至 1901 年的《苏州海关报告书》以特别兴奋的心情记述了开

埠带给苏州人的思想变化："更为有趣而重要的是，商埠的开放给江苏这个地区传来了自由的思想，特别是在苏州。1898 年，教授外文的学校和学习英语会话、阅读和研究外国历史、讨论中国与其他国家的关系，谋求更新的最佳途径的互助性质的学术团体，如雨后春笋般地兴起来了。""认为中国必须向别的国家学习——为了中国的福利，变革是必不可少的，并一定会来到。"报告者对苏州开放后社会动向的感觉是敏锐的，报告作出的评价也是符合实情的。

租界，战败后的耻辱和伤痛中的刺激

苏州开埠通商、设立租界源自中日甲午战争失败后由李鸿章与日本人伊藤博文签订的《马关条约》。

中日甲午战争与苏州人大有关系。最早与日军在陆地接仗的是湘军统帅、苏州人士吴大澂。爱好金石书画的吴大澂当时正领衔湖南巡抚，那年他得到一枚"度辽将军"的汉印，认为是吉兆，当日军在朝鲜发

冷水盘门

起挑衅、侵犯中国边境时，吴大澂便请命征战，带着“度辽将军”的汉印到前线，他志在必得。结果，日军炮声一响，清军望风披靡，不仅海城没收复，还连丢牛庄、营口和大本营田庄台。吴大澂只得自请处分，最终被革职返乡永不叙用。与吴大澂同到辽宁参战的还有他的助手、清朝驻日公使参赞王同愈。王同愈也是苏州人，光绪十五年(1889年)进士，翰林院编修。甲午战争爆发后，王同愈从日本回国，在吴大澂军中辅襄军务。甲午战败后，王同愈也回到了苏州，后来曾一度担任苏经苏纶的总经理，成为晚清的苏州名绅。再有一位就是名气更大的常熟人翁同龢，翁同龢作为北京官场中“后清流”的主帅，力主对日作战。甲午战败自然也就成了他与光绪皇帝被慈禧厌弃的重要原因，因为中日甲午开战是光绪皇帝亲自批准的，与慈禧无关。也许正因为此，苏州人对甲午战败的感受可谓至深至痛。

马关缔约的消息传到苏州后，署理两江总督兼南洋通商大臣张之洞急电总理各国事务衙门：“中国工商生计从此尽矣。”他警告说，日本先进的工业技术将彻底破坏中国经济的整体性，尤其会给苏州带来莫大的灾难。在电告的同时，张之洞急切地寻求补救之策。

张之洞

实际情况比张之洞想象的更糟。日本国驻上海的总领事珍田舍己声称奉日本内阁指示，要把苏州的阊门作为租界区。张之洞当然无法答应，阊门乃是姑苏精华，那里居民密集，商铺栉比，就晚清当时的情况而言，阊门是苏州最繁华的地区，中方绝不可能交给日本人办租界，张之洞下定了决心要给日本人打回票。必须找到一个可以婉拒日本无理要求的人来与之周旋，张之洞想到了黄遵宪。黄遵宪，何许人也？著名文化人曹聚仁如此评价：真正的“日本通”，中国只有过一个，便是著《日本国志》的黄遵宪。黄遵宪曾任大清国驻日本国的参赞，任职时间长达五年，他所著的《日本国志》对日本的明治维新有很独到的描述和评价。他在书中写道：“日本维新，一有成效，必可独霸东方，首当其冲，给他们宰割的便是我们中国。”其时国人正在梦中，过了八年，直至甲午战败，才想起黄遵宪的话来。当张之洞署理两江总督的时候，黄遵宪是江宁洋务局总办，是四品官，道台级别。于是，张之洞任命黄遵宪来主持和交涉苏州开埠事宜。

黄遵宪

黄遵宪接到张之洞的电文后，很快便赶到苏州。日本国驻上海的总领事官珍田舍已听说是黄遵宪操持苏州开埠事宜，当天晚上就来拜访黄遵宪。黄遵宪辞而不见，并传出话来说：“私邸不宜谈论公事，请明天到巡抚衙门见。”黄遵宪给珍田舍已先打了一记闷棍。第二天，珍田舍已早早来到巡抚衙门，双方一番寒暄后，珍田舍已即表示奉政府训令，指定划阊门为日本租界，若不得阊门，将当即打道回国，不再开议。

黄遵宪听完珍田舍已的强硬要求，只轻轻说出了一句话，便让珍田舍已大惊失色。黄遵宪说：“我们今天第一要办的就是得互换凭证，证明自己的外交身份，这是国际惯例。我已奉有南洋通商大臣张之洞和江苏巡抚赵舒翘的委任书，阁下从贵国专程来华，想必也奉有政府训条。”珍田舍已一时语塞，嗫嚅道：“事出匆忙，忘了带了。”黄遵宪毫不客气，脸色一变，说：“这是何等大事，阁下作为老资格的外交人员，岂能推说忘了？这样吧，你现在只有私人资格，不宜谈论两国间的租借事务，为你着想，还是先回国取了训条再来谈两国事宜也不迟。”珍田舍已犹受一记棒击，只得告辞出来，第二天就回了日本去取国书。经黄遵宪如此这般的挫其锐气，珍田舍已终于领教了“中国第一日本通”的厉害，也就不再坚持在阊门辟租界了，经双方多次磋商，最后日方让步在盘门外的青旸地建日本租界。青旸地距盘门外六里，在觅渡桥至灯草桥一段。按照光绪年间的交通条件，这一带已极为偏僻了。张之洞和黄遵宪成功地将日本人羁縻在冷水盘门，这个目的，算是达到了。

光绪二十三年（1897 年）三月，根据《马关条约》的规定，苏州藩台衙

苏纶纱厂车间一景

门、苏州海关道和日本驻上海总领事签定了《苏州日本租界章程》，将青旸地租借给日本。根据帝国主义强加给中国的“利益共沾”原则，紧靠日租界又划出了一片“公共租界”。由苏州关道洋务局人员会同日本人荒川勘定，将苏州盘门外相王墓对岸青旸地迤东一带到运粮河止，开放为日本暨泰西各国租界，并设立分所，照会潘祖荫等主任其事。按照洋人哈尔定所绘地图，丈量划分日本租界面积共占地 483 亩 8 分 7 厘 6 毫，泰西各国租界面积共占地 432 亩 8 分 3 厘 2 毫。以上地亩均经业主缴单契结价归官，以备租给日本和欧美各商。其租地执照则由江苏监督粮道兼监督苏州关署给发。民国二年（1913 年），经江苏省行政公署核定，改归吴县知事缮给租契盖印。

从中日甲午战败到《马关条约》约定在苏州开设租界，最终到青旸地租界划定，这对中国人特别是清流派聚集的苏州人来说是奇耻大辱，但终因国势颓废，无法与日本人抗衡，国人也只得咽下这口恶气。不过，战败之耻和租界之痛更激起了中国人特别是苏州人的振作和奋起。两江总督兼洋务大臣张之洞在《马关条约》签定后的第三天就致电总理各国事务衙门，要求马上在苏州投资建设现代化的丝织纺纱工厂，强固苏州经济，以利于与租界上的外国工厂竞争。光绪皇帝批准了张之洞的请求，并要求各地尽快制定《马关条约》以后保护国力的补救办法。

在这样的背景下，紧靠着日租界西边的苏州洋务局成立了，一大片与日租界面积相当的土地被征用来开办苏经丝厂和苏纶纱厂，官拨商筹的 100 万两资金迅速筹齐，采购来的意大利最新式缫丝车和英国道勃生公司 1896 年生产的全套纺纱机器运到了厂里，意大利、英国、德国的技师受高薪聘请前来安装机器和培训工人，丁忧在乡的状元公、国子监祭酒陆润

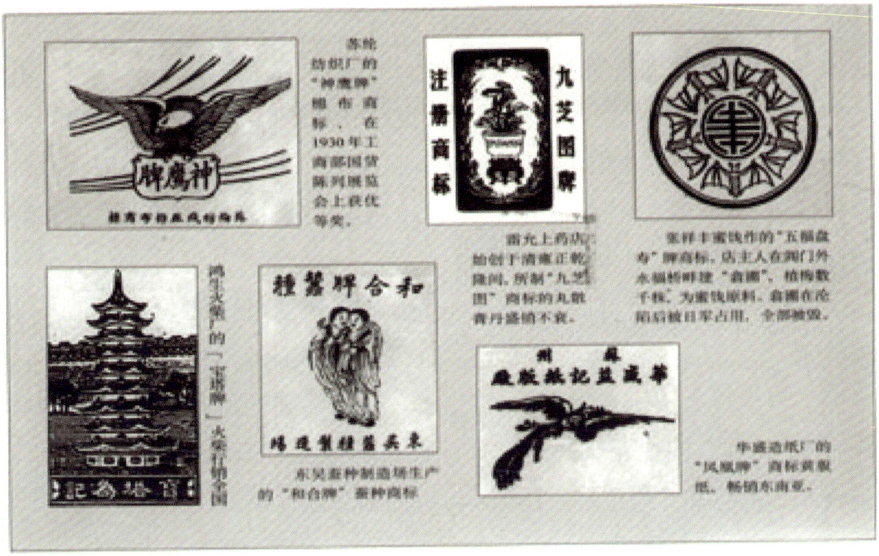

苏纶纺织厂棉布商标

庠受命总理办厂事务。1896 年苏经丝厂开工，1897 年苏纶纱厂投产。从 1895 年春的策划到第一缕机器缫与纺的丝和纱的出品只用了一年多的时间，抢在日本人之前在青旸地上生产出国货，比南通状元公张謇全力筹办的大生纱厂的投产时间也早了一年。后来许多有关论述苏经丝厂和苏纶纱厂的文章往往只注意到了它们是洋务运动的产物，而忽视了它诞生的时代背景。实际上，它是为了抵御《马关条约》后日本及列强的经济入侵而由清廷官方强制催生的早产儿，官督商办的模式决定了扶持它的一只手是政府利益，另一只手是商人利益，在这个时候拥抱的却是国家利益。张之洞和苏州绅商，在民族国家大义大利面前，在与日本及列强租界企业的竞争中先行了一步，多少也为国人挣得了一些面子，这大概也是《马关条约》的后效应了。

青旸地上外企的落寞

由于中国官员的努力抵制，依据《马关条约》开设在杭州、汉口、重庆等地的日租界的地理位置都相当偏僻，相对其他几个城市而言，苏州青旸地日租界的位置还算是好的。毕竟苏州地理环境优越，地处太湖流域，通往京杭大运河与连接上海的吴淞江在城南交汇，内河航运和海上交通十分便利，为发展海内外贸易提供了有利的条件。苏州周边有吴江、昆山、常熟、太仓等县，农业发达，资源丰富，也有发展现代工商业的物质基础。位于盘门外的青旸地虽然原先十分冷落，但是依然有迅速发展成为繁盛之区的潜力，大概也正因为此，日本人虽然未能索得阊门外的黄金地段，但是对盘门外青旸地也还是满意的。

青旸地日租界开辟后，日本殖民者开始租地修路和盖房，他们把整个租界划分为元、亨、利、贞等四个地区进行丈量和编号，然后转租给日本国商民。界内设立了日本领事馆、警察署、小学、邮局等，有些日商已经在界内开设了商店、旅馆等。苏州地方官府则沿着运河修筑了一条自盘门直达青旸地的马路，从而便捷了市区与租界的交通。据外国人在 19 世纪末的文献记载，此时租界与苏州城之间已不时有马车、人力车来来往往；每逢天朗气清的日子，前来游览的姑苏人士不绝于途。日本人也在界内筑有纵横交错的道路，并在主要道路旁大量种植樱花，使当地在早春时掩映在璀璨的云霞之中，在暮春时又有一派落英缤纷的景色。

但总的说来，日本人在青旸地经营得不怎么样。吴小如主办的《点石斋画报》也报道说："苏州青旸地一带，自日本开辟租界以来，市面虽日见兴旺而烟户廖廖，尚多荒地。"直到 1906 年，在界内租地盖房者也只有 41 名日本人，所占土地不足租界土地的四分之一，而大部分地块仍荒芜着。据民国十三年(1924 年)《江苏政治年鉴》载：日租界面积共 483.876 亩，已租出 208.54亩，但当时日本在苏商店、工场、医院计 14 家，租界内只有 4 家，这四家商铺企业是：吉原繁子旅馆、桥本纽扣厂、冈田宰牲厂、西田胶皮厂。20 世纪 20 年代初期，日人在苏州开设的 8 家洋行、商店、旅馆中有 7 家设在阊门一带，开设的三家医院都设在阊门或城内。开设在阊门外大马路的日资商铺和企业有东洋堂洋货、蓬莱轩饼干、丸三药房、秋野洋行机器、精养轩旅馆、大马路永元里的三原界专磨剪刀、大马路佑圣观街的政二金次郎洋货等。看来连日本商人也不愿来日租界投资，这让管理租界的日本人也很无奈。

1924 年，日本驻苏州领事岩崎荣藏为繁荣租界市面，提倡在界内兴

瑞丰丝厂一隅

建工厂，终于，日本的瑞丰片仓株式会社于1926年5月在日租界投资建成了设备完善、技术先进的瑞丰丝厂。瑞丰丝厂配置日本生产的丝车、煮茧机、扬返车，有自动索绪装置，比苏经丝厂引进的意大利产坐缫车要先进，在当时的江浙地区缫丝行业里首屈一指。在当时，瑞丰丝厂是日资在中国经营的三大丝厂之一，其规模在当时位于所有缫丝厂之首。从瑞丰丝厂的缫丝机转动之日起，苏州日租界终于有了点兴盛气象。

然而，日本人侵吞中国的野心和不断向中国挑衅的行为是苏州日租界无法兴盛的最主要障碍。1925年，日本人在上海枪杀中国工人顾正红引发了"五卅惨案"；1927年，日军在汉口日租界打死打伤10余名中国人制造了"四三惨案"；1931年，日本人在东北制造"九一八事变"，侵占中国东三省；1932年1月28日，日本人发动"一·二八事变"，在上海发动淞沪战争；1933年初，日军进攻热河……日军的暴行，引发了中国人抵制日货等一系列强烈反抗日本侵略的运动。从1927年开始，日本人在中国建立的五个日租界便开始进入穷途末路。随着中日关系的恶化，日本政府不得不屡次从这些租界中撤退侨民。从1927年至1933年间的6年间，苏州日租界的日本侨民至少撤退了3次。另外,日本租界也面临被中国政府收回的危机。根据中日之间有关开辟苏州租界的约定,租契有效期均为30年,期满后租地人应办理换契续租手续。20年代末至30年代初租契期满时,苏州人民坚决反对让日人换契续租,坚决要求政府收回租界。特别是在"九一八事变"后,收回日租界不仅成为当地各界人士的一致要求,而且也是全中国人民的共同呼声。

从1932年初起,苏州日租界内日本商民兴办的纽扣厂、胶皮厂以及著名的瑞丰丝厂都陆续停工。1909年底,日租界还有126名日本侨民,到1934年,只剩下69名了,这其中还包括领事、警察和家属等人员。

1937年,日本发动"七七事变",全国范围的抗日战争开始。苏州日租界的侨民全部撤离,租界被中国政府接管。日军侵占苏州后,青旸地又被日军恢复为日租界,曾经有过一段畸形繁盛期。这期间,日本人还力图有所兴建,比如曾企图开拓古蛇门(即现今的南门),兴建日租界直达市内的道路等,日租界有了一个回光返照的阶段。

1943年1月,日本驻汪伪政权大使重光葵约见汪精卫,敦促他对英

东吴大学维格堂

美宣战。汪精卫提出了三个条件,其中包括中方收回各地租界。之后,双方签订《关于交换租界及撤废治外法权等之协定》。1943 年 3 月 30 日,日军把汪伪政权粉饰为主权政府,举行了一个所谓的“归还”租界仪式。4 月 9 日,伪吴县县政府将日租界所在范围设立为青旸镇,并大肆加以吹捧美化,将其誉为全县的“示范镇”。其实,汪伪政府的统治区就是日本侵略军的占领区,将日租界“归还”给汪伪政府,实质上不过是把日租界从国中之国变成了沦陷区而已。

日军投降后,按照波茨坦公告的精神,中国政府将回收全部日租界。1945 年 10 月,国民政府第三方面军接收日本驻苏州总领事馆、居留民团及日人在苏所办 25 家企业,收回原租界地,划归吴县青旸镇管辖。至此,苏州日租界才被正式收回。

实际上,不仅日租界备受冷落,青旸地上的公共租界也一样没有得到真正的开发和利用。由于苏州毗邻上海,和上海的租界相比,位于苏州城南一隅的青旸地公共租界对英美帝国主义来说已经没有多少吸引力了,它的功能只是为了执行利益共沾的原则,让英美在苏州占有一块地盘,实

名山古刹

质上它的发展是依附于日本租界的，日租界发展，公共租界便发展，日租界萧条，公共租界必然萧条。青旸地的公共租界里，德国人没有来，英国人曾来了一名领事，但在1900年被召回，第二年，英国人干脆就关闭了领事馆。公共租界上的欧美企业也一直没有兴旺过，在公共租界地只有当年的东吴大学办了一座20门哈夫式轮窑生产红砖，它们烧造的砖瓦主要用于兴建东吴大学。在公共租界还有一个英商亚细亚火油公司，建有庞大的储油罐，并造了两幢西班牙式的洋房，供英籍职员和公司员工办公。英商亚细亚火油公司供应苏州市民点灯用的煤油，中国人叫它洋油。这家公司在苏州城乡建立了严密的供应网络，为了推销它的煤油，广泛向客户赠送美孚灯，美孚灯也确实比中国传统的灯草油盏灯明亮。亚细亚煤油在苏州的倾销，改变了苏州人燃豆油或菜油照明的历史，亚细亚也因此在苏州赚了一把。

与青旸地上外商企业萧条的状态形成对比的是，中国人在这里租地先后办起了一些现代工厂，如早期的延恒昌丝厂、吴兴丝厂以及后来的太和面粉厂都是用的公共租界的地，中国人开办的工厂反倒为公共租界带来了不少生气。

1940年，日本作曲家服部良一曾为日本著名诗人西条八十的诗《苏州夜曲》谱曲，并由当时的大影星和歌后李香兰唱响：

依偎在你的怀里
听着那鸟语般的歌
轻似风，柔似水
爱的船歌
花落水，春已去
迷人的水乡苏州呵
杨柳也在为你哭泣
为你叹息

在这首歌中，日本人竟然把苏州这个他乡认作了故乡，虽然客观上这里面不可否认有日本人对苏州的友好感情，但日本帝国主义的侵略行径，已让某些日本人对中国的友好感情变了味，打倒日本帝国主义、赶走日本鬼子已成了中国人民的一致呼声。那首哀伤的《苏州夜曲》表达的已不只是日本人离别苏州的怨愁，而已经成为日本人无可奈何的悲泣了。

茗香万里　汤响千秋：源远流长的春蕾茶庄

柯继承

右图这幅摄于上世纪 20 年代的老照片反映的人是满目“老字号”招牌的苏州观前街街景。照片中有两点非常突出：一是所摄的街面为石条铺路——这是上世纪 30 年代以前的观前街的特征，史载这条街道于清道光二十一年（1841 年）由苏州郡绅捐款砌成，当时中间石条宽约 1.50 米，路阔 3 米有余，至上世纪 20 年代末期才开始拓宽，1931 年峻工，此时路面才改由小方块形弹石砌成；二是街道两边的商铺都竖起了广告，照片中最引人注目的是“瑞裕松萝”的木雕招牌。招

观前街店铺林立

牌上部并排横雕的两个小字为“瑞裕”，下部上下竖雕“松萝”两个大字，字体为行楷，笔力浑厚，十分显眼。这幅照片的构图很用心：“瑞裕松萝”招牌是照片中所有广告字里面最大最突出的，且位居照片上部，正好罩在照片下部观前街水光反亮的石板街面之上，成了该幅照片的重心。

那么，“瑞裕松萝”究竟是什么意思呢？

简单地说，这块“瑞裕松萝”是苏州观前街老牌茶号“汪瑞裕”的木雕市招，“瑞裕”即是指汪瑞裕茶号，而“松萝”则是汪瑞裕茶号经销的安徽

汪氏宗祠门楼

名茶“松萝茶”。

说起汪瑞裕茶号，在苏州可谓大名鼎鼎，因为这家茶号不仅资格老，历史悠久，而且规模大，财力雄厚。它原是由安徽歙县西乡揭田村汪仁瑞堂宗祠的公产出资开设的，资主代理人为汪道生。据记载，它创始于清代乾隆年间（1736—1795 年），即使假设它创建于乾隆末年，那么，至今也有两百多年历史了。值得一提的是，它是苏州茶叶界唯一连续经营两百多年、至今仍然生意兴隆的“百年老店”。

汪瑞裕茶号的总店在 2013 年之前设在观前街宫巷西侧，门面坐南朝北，正对玄妙观的正山门口，同时又在观前街东、西各设有分店：一家设在观前街东端醋坊桥桥堍，名“汪东裕茶号”，简称东号；另一家设在观前街西段与大成坊交叉处，名“汪广泰茶号”，简称西号。库房设在观前街南面仅几步之遥的一条小巷碧凤坊内，库房内设有加工拼配、窨制花茶的场所，仅操作师傅就多达二三十人。短短的一条观前街一向是各种商家拼命力争的寸金之地，汪瑞裕茶号却在这里设有总店和两家分店并拥有占地面积十分可观的库房，它在当时苏州商界的地位也就可想而知了，也无怪乎在这幅观前早期老照片中，它的市招会如此的突出。

清代，繁华的苏州作为著名的消费城市，市场竞争激烈，商业畸形发展，当时经营茶叶的茶号、茶行纷纷在苏州立足。道光（1821—1850 年）末年至咸丰（1851—1861 年）初年间，在苏州开业的茶号、茶行已有几十家之多，这时诞生于乾隆年间的汪瑞裕茶号已度过了艰难的创业期，在与同行业激烈竞争中，步入了发展期。光绪年间（1875—1908 年），有所谓“六大店”从众多的茶行中脱颖而出，成了遍布苏州全城的茶叶界龙头，它们是吴世美茶号、严德茂茶号、程德泰茶号、鲍德润茶号、汪瑞裕茶号、方裕泰茶号，而汪瑞裕茶号则被公认为六大店之首。

汪瑞裕茶号能独居鳌头，是因为它具有几大优势。

春蕾茶庄

牌子老，商店所处的位置好。汪瑞裕“牌子”老，这让它得了先机。六大店中的其他五家茶号中，吴世美茶号和方裕泰茶号都创设于清同治年间（1862—1874 年），严德茂茶号创设年月无考（据说是吴县木渎首富严氏祖上独资经营的，这在基本被安徽茶商垄断的苏州茶业中是个异数，但也因之是个软档）；程德泰茶号创建于 1880 年前后；鲍德润茶号创始于清乾隆早期。而正如前文所言，汪瑞裕茶号创始于清乾隆年间（1736—1795 年），其创设年代属于最早的一拨，即使不是第一，也起码是第二，用句老话说，其历史之悠久，是数一数二的。

汪瑞裕选在苏州最繁华的商业中心观前街上开了总店和分店，用句行话讲，即市口好。

仍以上列几大店为例：吴世美茶号起初开设在阊门外上津桥堍，后迁至上塘街渡僧桥南堍，在观前街仅设一分店；严德茂茶号坐落在阊门外上塘街；鲍德润茶号总店设在阊门内西中市，另有两家分店，一设在西中市泰伯桥南堍，一设在观前街西面的察院场；方裕泰茶号，总店设在胥门外万年桥，分店（兼作货栈库房）在阊门外西杨安浜。上述五大店基本上都设在苏州城西阊门、胥门内外，虽然阊胥一带是苏州老牌的商业繁华区，且具有水路交通之便，但太平天国时期，阊胥一带遭受了严重的兵灾（1860 年前后），古城中心的观前街后来居上，迅速地成为苏州第一商业中心，而汪瑞裕不仅总店设在观前街，分号、库房也设在观前街地区，与其他五大店相比，市口最优越。值得注意的是，其他五大店均在城西，无形中纠缠在城市的一角进行激烈竞争，城东成了空白（当然，不排除有小茶行），这无疑给汪瑞裕提供了大展身手的空间。

店主业务熟，进货渠道广。旧时经营茶叶的大多数是徽州人。徽州的旧制是一府九县，其中尤以歙县土地幅员大、人口密，外出经商者也最多（这些人多经营茶叶、酱品、油漆、典当、木材等，习称“徽商”），几乎遍布全国，苏州经营茶叶的也多为歙县人。据记载，清光绪三十四年（1908年），在苏州府治范围内，茶叶行业登记入会者共 46 户，其中歙县人开设的茶号、茶行就达 41 户，一些并非歙县人开设的茶号、茶行，聘请的经理也往往是歙县人。汪瑞裕茶号本身就是歙县汪氏宗祠产业，先后聘任的经理也更是歙县人。歙县人不仅业务娴熟，而且头脑灵活、观念开放，进货渠道并不囿于一地，而是常年派人进驻浙江、安徽、福建山区，直接采购龙井、毛峰、大方、小种红茶、贡菊、白菊等，同时还自窨花茶，以减少中间环节，使茶叶得以低价销售。

汪瑞裕茶号擅于“主动出击”。他们甚至派专人常驻天津、北京及东北的几个大城市，一方面推销自家产品，一方面又不断地收集和反馈各地茶叶行情，提供给店主随时修正经营决策。

经营方式灵活、人性化。汪瑞裕茶号首任经理是方鼎延，他为汪瑞裕立足苏城、打开局面作出了很大贡献。继任者就是著名的江稚定，江稚定任汪瑞裕茶号经理一职长达 60 余多年，他是商场运筹中的高手，在他的管理下，汪瑞裕进入了全盛时期。

江稚定继任汪瑞裕经理时，正值观前街的兴旺发达时期，这时的观前街已成长为苏州的商业中心，茶号营业状况十分看好。但江稚定并没有满足于此，他利用观前街拓宽的机会，在著名的玄妙观正山门口建造了一幢三层大楼。为充分利用店屋，除一楼店堂照样用于出售茶叶外，又把二楼、三楼都辟为茶室。内装修则有别于传统的茶馆，而是采用西式布局，玻璃台面小方桌，敞亮洁净。凡是到店里购买茶叶者，都可以上二楼免费泡饮，试尝茶叶风味。试尝满意，就可以让店员（当时叫堂倌）带到楼下购买。当然，在楼上也可以直接泡茶饮用，品种有绿茶、菊花、乌龙等，不仅品种多，档次（等级）也很齐全。顾客还可以点名购买下面店堂公开介绍的各种茶叶。据不少老苏州回忆，当时店堂里大事广告的“松萝”茶，就是非常出名、非常受欢迎的一种名茶。

松萝茶属绿茶类，创于明代，因产于安徽松萝山而得名。松萝山今属黄山市休宁县，距休宁县城 15 公里，为休、歙边界。它的最高峰海拔 882 米，乃黄山余脉的分支。徽州茶农开辟的茶园多分布在海拔 600 至 700 米之间，这里山势高峻，处处悬崖峭壁，松萝交映，风景秀丽，气候温和，雨量充沛，土壤肥沃，为杂有风化成片状碎石的乌沙土，生态环境十分适宜茶树生长。据明代闻龙《茶笺》记载，松萝茶的采制技术在当时已十分精湛，现在的名茶“屯绿”的炒制技术就是在松萝茶的基础上发展和完善的。

黄山茶

松萝茶的品质特点是：条索紧卷匀壮，色泽绿润，香气高爽，滋味浓厚，带有橄榄香味，汤色绿明，叶底绿嫩，饮后令人神驰心怡，古代就有“松萝香气盖龙井”的赞辞。明代熊明遇曾对其作过分析，认为松萝茶区别于其他名茶的显著特点是“三重”——色重、香重、味重，即色绿、香高、味浓。松萝茶还有较高的药用价值，古医书中对此多有记载，认为对高血压、肾炎有较明显的缓解症状作用。1930 年编著的《中药大辞典》对松萝茶的药疗功用仍予以记载。至今山东济南一带的老中医开处方时，还常常会用上松萝茶这味“中药”。

由于汪瑞裕出售的茶叶品种多、服务又人性化，且它与著名的玄妙观仅一街之隔，在汪瑞裕一边品茶一边还可以远眺观内景致，又可以近瞰街景，玄妙观、观前街的盛景可谓一览无遗，这样优越的地理位置对游览观前街的市民及外地游客来讲是极具诱惑力的。

汪瑞裕茶号在一些特定时期还是编外的“新闻中心”。原来店主将茶楼的三楼也设为茶室，这里的环境更加幽雅，上来喝茶的也不是偶尔光顾的茶客，而是“老茶客”。所谓老茶客，通常是指经常来喝茶，甚至天天来此品茗的茶客，他们有固定的座位，每人喝的茶叶，一般也有固定的品牌。当时观前街的几家茶馆都拥有一定数量的老茶客，但这些茶客的构成各有特点。如在“三万昌”茶馆喝茶的多为米行、菜籽行、布行的业主，都是商界人士。而汪瑞裕三楼的老茶客则以新闻界人士为主。当时，苏州《早报》《大光明报》的总编辑颜益生及参与办报的名人姚啸秋、梅晴初、夏有文等，不仅“常驻”汪瑞裕喝茶，甚至就干脆坐镇在这里编报。由于观前街的特殊性，各路新闻包括“小道消息”常常汇集和产生于此，记者们在侦悉新闻后，马上可以直接走上汪瑞裕三楼向报纸“老总”们汇集消息，当场写稿编报，并将稿样直送印刷所排印。编辑人员往往直至傍晚才散去，三楼茶室无形中竟成了报社的编辑部和编外的“新闻中心”。

“老苏州”对汪瑞裕有口皆碑，除汪瑞裕本身服务项目多样，服务方式颇为人性化外，“文化气息”浓厚也是一大因素。苏州市民温文尔雅，最重教育，对文化气息与教育氛围的感受格外敏感，而汪瑞裕茶号在这方面也有独特的建树，这就是著名的“一九集”故事。

原来，观前街经过 1931 年的拓宽后不久，路两旁先后建起了高楼，这些高楼通常都是传统的人字形屋顶的三层楼，而汪瑞裕茶楼当初建造的是三层平顶洋房，因此与“左邻右舍”相比就显得矮了些，这给店主心理上产生了不小的压力。经过精心谋划，店主就在屋顶上沿街加造了一间屋，沿街墙面装饰则一如下屋，这样从外表看来汪瑞裕茶楼就像是四层大厦了，而且比别家房屋还显得高了些。这间加建在钢筋水泥平屋面的第四层“茶楼”，进深不过五六米，朝南为落地长窗，南面留有三层楼十余米高的平屋面像是这间第四层茶楼的“南阳台”，所以四楼茶室有特别充足的光线和日照，茶室一造好，就被许多人看中。当时常上茶楼品茗的文教界人士，非常欣赏这里的环境，就与店主商量，准备把它租下来，办一所俱乐部性质的内部茶室。店主素来尊重文化人，就一口答应了。于是，集合了 19 位文教界人士的“一九集”就这样诞生了。

这间小屋主要是供文教人士聚会活动的，也就更具儒雅的气息。朝南一排落地窗，内设西式桌椅，正中挂一面镜框，写有“一九集”三字，这是著名学者、图书馆馆长蒋吟秋的手笔，条几上摆满了围棋、象棋、海陆空军棋，还有丝竹管弦供人随意取用。为避嘈杂，烧水的炉灶另设在三层屋顶楼梯口，不与下面的茶室合用，同时又另聘工友，专为“一九集”服务。

说起那 19 位文教人士，他们在当时都是很有名望的。如时任“民众教育馆”馆长的张千里(国学大师钱穆的内兄)、教育局局长彭嘉滋、原教育局“督学”朱慰元(当时在上海的商务印书馆就职)、当时主持中山堂事务的画家金挹清、教育家张建初(时任大儒小学校长)、陆寄社(时任景德小学校长)、顾祈襄(时任干将小学校长)等。

据苏州杂志社的令狐远(朱衡)先生回忆，四层茶楼虽为“一九集”租用，“恕不对外”，但还是经常出现“群贤毕至，少长咸集”的盛况。这是因为这 19 位人士都有子女、亲眷、朋友，假日里，家长们带孩子逛观前玩累了，总爱到“一九集”找叔叔和伯伯们吃杯茶、歇歇脚，而孩子们也总能在这里找到伙伴，摆上棋盘，捉对厮杀。当时的许多文人，如程小青、周瘦鹃等，也爱去四楼茶室会会教育界的同事和朋友。

“一九集”在汪瑞裕茶楼四楼一直坚持着类似“文艺沙龙”的活动，直到抗日战争爆发。苏州沦陷后，“一九集”随之星散。世事沧桑，翻天覆地，但在日伪的威胁利诱下，“一九集”中没有一个人做汉奸，都保持了民族气节，这是非常感人的。

汪瑞裕茶号在江稚定的管理下达到全盛时期。江稚定病逝后，聘用的经理为程汉章，他也是一位经营能手，接任后继续开拓，使茶号的营业状况空前高涨，达到了顶峰。在半个多世纪里，汪瑞裕茶号内仅师从江稚定、程汉章的学徒就达50多人，这些人后来都成为制茶业中的骨干。

新中国成立后，经过公私合营，汪瑞裕茶号继续在观前街发展，但隶属于平江区日用杂品中心店。1964年后，隶属苏州市杂品公司。1966年“文化大革命”开始后，改名为春蕾茶庄。1969年，它隶属平江区财贸革命委员会，1978年隶属苏州市棉麻公司，1984年隶属苏州茶厂。1999年，春蕾茶庄改为股份制企业，首任经理王通；2002年起，由钱曙韶女士出任公司董事长兼总经理，春蕾茶庄进入了新的发展时期。

今天的春蕾茶庄已获得国家有关部门批准的“中华老字号”证书。它的“汪瑞裕牌”茉莉花茶被中国茶博会评为金奖，多年来受到全国客户的青睐。

茗香万里，汤响千秋，春蕾茶庄以一流的水准，承继了“汪瑞裕茶号”从商从业的优良传统，不断创新，不断发展。

旧时茶楼一景

遗憾的是，1999 年观前街进行了大规模的改造，房地产归属发生了翻天覆地的变化，虽然时至今日，观前街照样熙熙攘攘，游人摩肩接踵，但是不断升值的地价和房租给这条老街上的“老字号”带来了巨大的资金压力，不少“老字号”只得忍痛挥泪搬离这条百年老街，另觅他处经营。春蕾茶庄也没有得以幸免，2012 年，它迁到了离观前街不远的临顿路中段原分店所在地，在那里继续迎送来自八方的茶文化爱好者。

苏州商团：志在保商的商人武装

许冠亭

苏州商团的创立与扩展

苏州商团是由苏州商人组成的武装团体，其前身可以追溯到1906年秋季成立的苏商体育会。1906年8月，苏州绅商倪开鼎等向苏州商务总会面陈创办苏商体育会之事，并提交详细禀文及拟订苏商体育会章程16条。倪开鼎、洪玉麟等16名发起者在禀文中指出：“国家有保商之政，而

苏州商团第一支部成立合影

商业滋兴；商人有自卫之资，而国势弥盛。泰西各国商人，皆有军人资格。如上海租界西商设有商团，无事则按期操演，有事则守望相助，是以租界之中，偶有变端，其所损失多华商财产，西人晏然如故，彼优我绌，相形益见。近者上海北市有华商体操会，南市有商业体操会，皆急起直追，力图补救。苏州水陆交通，市廛阗溢，凡商界身家财产，奚啻亿兆，咸寄于此。亟宜振刷精神，固结团体，去畏葸之积习，弭隐患于无形。现经职等公同集议，拟于省垣适中之地，设苏商体育会，以健身卫生为始事，以保护公益、秩序、治安为宗旨；办有成效，为将来商团之先声。现事体操，即商业学堂之补习。"苏州商务总会审阅后，认为禀文"语皆中理，事属可行"，于1906年8月分别呈请清廷商部、两江总督、江苏巡抚鉴核，并咨会江苏省商务总局，请求准予存案，饬令妥为办理，以卫商界而收实效。同年9月底10月初，江苏巡抚、两江总督和商部均相继批示准予立案，并要求倪开鼎等务须实事求是，妥为办理，慎毋始勤终怠，以免最终变成纸上空谈。然后，倪开鼎等就试办苏商体育会禀告苏州府及长洲、元和、吴县三县，递

交相关材料以留存备案饬加保护。苏商体育会由商界同人以及有志保护商业者组织而成，会员年龄自16岁至45岁，要求品行端正不染嗜好，年富力强身无残疾。苏商体育会也招收一些年高德劭的特别会员，这些特别会员不必出操，志在提倡，作为监察员。苏商体育会的经费来源一为常会费，即会员每月交银洋1元，用于日常支出；二为特别会费，由热心之人特别捐助，作为购地、筑场、建屋、备物之用。经过全体会员公共选举，洪玉麟为会长，倪开鼎为副会长，下设议事员4人，负责议决提议诸事件；设招待员4人，负责招待工作；又设驻沪办事员4人，负责与上海体育会、商团的联络事宜；聘定张栽之、李清臣、赵智然为教员。会所暂设在苏州祥符寺巷纱缎业云锦公所，操场暂借祥符寺空地。

1906年10月29日上午10时，苏商体育会举行成立大会，上海商团及苏州体育观摩会、斌华讲报社、简字学堂等各团体莅会表示祝贺。开始的三个月，苏商体育会会员主要学习柔软体操，操员实数约70余人。之后延请魏旭东为教员，规章方面则效仿上海成法，加练器械体操及各种兵式操法。1907年4月，苏商体育会转请苏州商务总会代呈江苏巡抚衙门，阐明"原体育会之组织，本为商团先声。现将力求实践，非有枪枝，不足以完形式而振精神"。经过一番交涉，1907年5月，苏商体育会获得江苏巡抚批准、由军械局拨借的旧式后膛枪42枝。同年12月，苏商体育会又缴价领取子弹1000颗。由此，苏商体育会成为商人的武装组织。1911年7月，苏州商务总会议董苏绍柄倡议在阊门外设立苏商体育会第一支部，此为就区域之利便而分立，以保卫身家，支部吸收会员、操员，设立正干事1人、副干事2人等职员机构，并设立了维持公安。随后，苏商体育会继续"推广名额，分设支部"，至辛亥前苏商体育会已设有4个支部，总共628人。苏商体育会暨各支部会员"平时各营本业，有警则戎服巡逻"，在辛亥革命期间热心任事，昼夜巡逻，市面赖以安堵。苏商体育会这一社会组织虽效力于地方公益事业，但俨然以兵法为部勒，成立商团的自身实力、社会影响力等各种条件已经具备。

1912年1月，苏州商务总会向江苏都督府呈报："按苏商体育会创办之初，均由各商公同集资，练习枪操，原拟俟规模稍备，定名商团，以符名实。现值奉文于新历正月十五日恭祝民国大总统履任及祉祝新年，商等公同议定，即于是日将苏商体育会改名为商团公会。”不久，江苏都督庄蕴宽发出指令，准予苏商体育会改名为苏州商团公会。苏州商团公会选举潘祖谦担任会长，沈辉、邹宗淇任副会长。阊门兵变等一系列动乱事件加强了苏州商人力求自卫的意识，商团奋勇争先，为保持秩序不遗余力，扩充商团至9个支部。随着支部的日渐扩张，各支部之间有联络而无统辖，且各支部编制规程尚多杂糅，因此，迫切需要建章立制，实行统一，以有益地方治安。1912年6月，苏州商团公会邀集各部商订公会统一章程。该章程规定：“商团为人民自卫之第一方法，已为识者所公认。”苏州商团公会的职责是“专任保护本地人民财产，维持地方秩序，并不与闻国家军事”，但“在本地范围内，如有都督府及高级行政长官檄令出防等事，亦当竭尽义务”。两年之后，商团公会重订暂行章程，规定“以联合各商团组织，统一机关，互相援助，共保治安为宗旨”。民国时期苏州府撤销，长洲、元和、吴县三县合并而称吴县，习惯上仍称苏州。按照章程规定，苏州商团公会为苏州商埠范围内各部商团集合组成，除由会员大会每年选举正副会长等职员外，又增设了总司令一职，承苏州商团公会会长指令，命令各部会员出队、出防、会操，并指挥司令部部员等事务。商团公会下设若干支部，在苏州城区的各部商团，以入会先后定部名的排序，各市乡商团的部名，即以其所在地名命名。苏州商团公会发展兴盛时期，曾拥有19个支部。各支部可自定各项章程，但不得与商团公会章程相抵触。各支部部长平时有命令各该部防守梭巡完全之权，倘公会急要命令时，应照公会命令办理，以资统一。出防戒严命令之权，只有公会有，各支部无命令不能自由行动，以昭慎重。万一各支部于所在地忽受匪盗惊扰来不及通告公会，必须听从各该支部部长命令，尽力抵御防守，只是事后必须追请公会认可。

1922年，按照中华全国商会联合会颁布的《商团组织大纲》及北洋政府内务部制订的整顿商团办法，苏州商团公会又与苏州总商会进行改组协商，苏州总商会同意接收商团并进行改组，将苏州商埠原有商团改组定名为苏州商团，并依照地方实情，悉心妥议苏州商团章程，并照章由苏州总商会会董分次投票选举，最终选定邹宗淇为商团团长，姚铣为副团长，并推举出了总稽查等各职员。1922 年 3 月 26 日，正式实现改组，苏州总商会直接领导苏州商团，总商会会长担任苏州商团参事会主席。苏州商团对外的公牍文件均盖用总商会关防。苏州商团团长总理全团事务，团本部附设于苏州总商会，原来的苏州商团公会即于同日撤销。嗣后苏州商团事宜均由苏州总商会会长等会同商团团长妥为协商办理，随时报明请示遵行。一切公文函牍盖用总商会关防，以示郑重并作为信守的凭证。苏州总商会还拟订了苏州商团章程，规定苏州商团“以辅助军警自保治安，养成军国民资格，维持商场秩序为宗旨”。商团本部设在总商会，以团本部操生为基本队，因队员均用手枪，故又称手枪基本队。苏州城厢内外各区商团支部分设支队，依次称为苏州商团某区第几队。吴县境内市乡繁盛的镇区，则根据地方情形由各该市乡董事组设商团，苏州商埠各商工厂得由各该厂设立工商团，按照章程要求成立并报经苏州总商会会长汇核转呈备案。苏州城区陆续建立有 18 个支部，按成立先后的序数取名。苏州乡镇共有唯亭、外跨塘、湘城、南望亭、蠡墅、香山、东山、木渎、黄埭、浒关、甪直、金墅、通安桥、斜塘、陆墓、车坊、陈墓、横泾、郭巷、溇泾、东桥、光福、东渚等 23 个支部。1925 年还援照支部设立分部，成立了苏州商团军乐部，并选举部长，组织乐队，制订了军乐部章程，以鼓舞团体精神、发扬蹈厉为宗旨。以上各支部及所属各支队均隶属苏州商团团本部。

苏州商团的操员操练受训

操练是苏州商团建立的基本途径。苏州商团的首次操练时间甚至早于苏州苏商体育会的正式成立。当时，苏商体育会确定在 1906 年 10 月 29 日召开正式成立大会。在成立大会之前，得知上海北市商团体操会来苏欢贺，遂议定于 10 月 22 日先行召集开操，先练步伐。在首次开操仪式上，苏商体育会强调“吾吴众商，激于义愤，组织吾会，……孔武有德，志在保商，愿歌同泽”。10 月 26 日是农历九月初九重阳节，苏州各学校、各团体有登高习俗，苏商体育会操员数十人旅行虎丘，这是寓加强训练于尽登高之兴之中。在 1906 年 10 月 29 日苏商体育会成立大会结束后，上海北市商团体操会启行回沪，苏商体育会各员列队欢送至接驾桥。会员们在

商团操员操练受训

三个月内学习柔软体操，年假之后学习兵式操法及鼓号，并配备枪枝子弹，逐渐开始了实习打靶的射击训练，还曾赴无锡与锡金体育会交流，操演野外攻势等。1907 年，颁布《苏商体育会增定章程》12 款。第一款规定新班操员一概免缴费，但是无选举权及被选举权，如有愿意缴费者，仍可允照旧章一律办理。这样就改变了原章程入操者必须是缴纳会费的会员的规定，操员无需缴费，节省了入操者训练的费用开支，扩大了入操的成员范围，而操员中要入会者则必须缴费，与原先章程规定也不冲突。其他各款主要是为了加强训练纪律和队伍管理，如：报名入会者除志愿书外，还必须有殷实商号开具保证；入会者至少以一年为度，不得半途中止；平日请假除不得已外不得超过一星期；操服、枪枝须存放在军械所，不得携归；等等。苏州商团公会时期，根据 1917 年中华全国商会联合会制订的《商团组织大纲》规定，将在队操生年龄从 16 至 45 岁改为 16 至 35 岁，以提高操员的训练水平，改善商团的年龄结构，提高商团的实战技能。1922 年苏州商团公会改组为苏州商团时，拟订了《苏州商团在队规则》，共 9 章 46 条，包括总则、奖励、惩戒、值日规则、操场规则、讲堂规则、守卫规则、防务规则、附则，要求商团成员要束身自爱，遵守章程，服从命令，不得藉商团名义败坏全体名誉。

苏州商团的学习训练有明确的项目内容与计划步骤,《拟订苏州商团学术科预定表》中就规定了分三期进行,每期包括术科、学科两类。第一期术科包括徒手单人教练、徒手分队教练、柔软体操、持枪单人操练、一排教练、一连教练、散兵教练科目;第一期学科包括陆军礼节、步兵须知、步兵操典摘要、军语学、步枪学、野外要务令科目。第二期术科包括射击训练、一连战斗教练、行军实施教练、实弹射击、实地测量教练、野外侦探教练、一营教练科目;第二期学科包括弹击教范、步兵前哨学、步兵操典摘要、野外要务令、应用战术科目。第三期术科包括夜间教练、野外步哨教练、实弹射击教练、刺枪术、器械体操、工作教练、两军对抗演习科目;第三期学科包括步兵前哨学、野外要务令、军制学、应用战术科目。每期 6 个月,约共 24 星期,每星期术科 3 次、学科 3 次,总计每期术科 72 次、学科 72 次。第二、三两期间虽无单人、散兵、成排、成连教授的次数规定,但要求在操练之时必须常加复习。

江苏都督程德全给苏州商团的嘉奖牌

苏州商团公会退伍纪念章

在苏州商团的各个时期,参加操练的成员按照规定完成学科、术科的学习与训练,各门课程分数及格者,应即给予文凭,以作为学成的凭证。每届毕业文凭都循例呈请当地最高行政官厅。在苏商体育会时期,是按年给予操员苏商体育会操员学力证书,注明练习体操一年或二年、各科平均分等,相应给予一年级的学力证书或二年级的学力证书。对于在会满三年者则颁发苏商体育会退伍凭证,标明第三年学年考试平均分等,说明“即退为后备军队,给予退伍凭证”。退伍凭证上还标明了退伍之后的4条规定:(1)退伍之后,本会另立名册,除仍按月练靶外,遇有特别出队及全体旅行等事,仍当到会;(2)退伍之后,凡逢选举,仍得有选举权及被选举权;(3)退伍之后,如该员有远行经商等事,应来会注册查备;(4)退伍之后,如有功过,仍与在会者一样按章办理。苏商体育会在改组成为苏州商团公会后操员继续学习操练,完成步兵操法及各科战术考核者,苏州商团公会也呈报江苏都督府相应给予退伍凭证。在苏州商团公会时期及正式定名为苏州商团后,操员经过更为严格的步兵操法、应用战术、步兵射击、行军略图等学科和术科的学习与训练,各科肄习完全,即准予毕业,发放毕业证书。在毕业证书背面印有毕业团员遵守事项4条,其内容与苏商体育会退伍凭证的规定相同,区别仅在于将退伍置换为毕业。

按照以上规定,似乎操员在学操伊始和在毕业或退伍后都是商团团员,苏州商团的学习训练与武装服务既是联成一体的,也是相续不断的。但实际上,操员在培训中就存在一定的淘汰,培训结束后也有部分因种种原因不参加活动而出会,如1911年苏商体育会操员姓名册计有145人,但其中邹东湖等47人因故先后出会,始终坚持参加苏商体育会活动的不足百人。而苏州商团的建制规模更是根据客观需要、经费数量、政府核定等各种综合因素而有所变化,毕业团员只有部分正式编入商团队伍中。所以,操员尽管在学习训练期间也要服从命令担当外出巡逻、维护秩序等任务,但仍然只能说是学员;操员在毕业或退伍后,往往由于商团的规模限制,只有部分被择优编入苏州商团的各支队伍,坚持训练,执行任务;其余的则在商团队伍补员或扩充时加入商团队伍,在平时也要参加训练及各种活动,并在有情况时协助行动。而商人和店员无论在学、在团还是编外,确有正当职业,热心公益,尽捍卫闾里之义务,受商团规章之约束,依时到操,学习战术,服从调动,为地方服务,成为地方自卫之劲旅。在苏州商团本部及各支部的团规中往往将商团比作军警,认为军警以服从为职责,以保护民众生命财产为目的,商团乃商人自己之军警,所以要军队化、警察化。但商人店员平时都是经营本业,这是商团与职业军警的最大区别,又恰是苏州商团存在和发展的长效保障。

旖旎山塘

苏州商团的主要活动

苏州商团的活动林林总总，平时是勤加训练，遇有事变则随时出防。在苏商体育会时期，就参加过会同苏州各团体协同禁烟梭巡之事，为此江苏巡抚颁发禁烟名誉文凭，以示奖励；为南洋劝业会协赞会、苏州府物产会等担任过会场纠察；在辛亥革命中赞助苏州和平光复，尽力维护城市安全，前往剪辫大会会场维持秩序，防盗缉匪以保护工商利益。在商团公会时期，1912 年阊门兵变发生后，苏州商团公会协助军警守卫防堵，市廛秩序赖以维持；1913 年二次革命爆发，南京宣布独立，苏州商团公会暂组临时总司令处，添拨枪械，组织基本队，召集各支部会同梭巡，各乡镇也组织商团附入商团公会，直到"癸丑之役"平息，才在中秋撤巡；1916 年，为反对袁世凯复辟帝制，护国战争发生，江阴、吴江相继独立，苏城防务吃紧，苏州商团公会加强梭巡。而在 1922 年定名为苏州商团后，国内政局继续动荡，北洋军阀之间的江浙战争（1924 年）、国共合作的北伐战争（1926—1927 年）、第一次国共合作破裂和南京国民政府建立（1927 年）、国民党新军阀混战（1927—1932 年）、日本发动的"九一八事变"（1931 年）和"一・二八事变"（1932 年）等重大事件相继发生，苏州商团在这种时局下既进行了参与遣送败兵伤兵、缉捕盗匪赃贼、反对日本侵略等方面的活动，也有辅佐军警镇压工农运动、防共反共的活动，其中的核心是志在保商，应付兵灾匪害，维护市面稳定和地方秩序。

苏州商团工作人员证章（正面）

苏州商团工作人员证章（背面）

内战兵变，商民遭殃，苏州商团设法尽力维护地方秩序。1924 年 8 月，江苏督军齐燮元与浙江督军卢永祥之间即将开战，风谣日盛，商市恐慌，苏州商团本应该在暑假内召集开操，但为了保卫地方秩序，在 8 月 26 日召集团本部暨各支部团员，分队操练，一律出防。27 日，军警异动，苏州警察厅以防务紧要、各区长警职务繁重、警士不敷分配为由归并岗位，竟然撤掉了 107 处岗位，撤岗以后请苏州商团派队填补。苏州商团为维护地方治安，又抽调团员协助各区，填补空位站岗。9 月 3 日，江浙战争打响，给江浙两省的人民造成了巨大的灾难。历时 40 天的江浙战争结束后，苏州商团于 10 月 22 日要求苏州警察厅恢复各区站岗长警，将已经值勤维持秩序近两个月的商团填补警岗各团员一律撤回，以分清界限而明确责任。但苏州警察厅以战后军事结束工作尚未完竣为由，函告所有商团填岗之处暂缓撤回，以资协助维护苏城治安，等到解除戒严后再行奉达。到年底，又值时艰未靖，苏州商团召集城乡内外各支部商团，自 12 月 29 日起各部酌派团员，就各该商市地方分队出巡，进行冬防，并要求各部互相联络，相互帮助，以资捍卫而保治安。到了夏历年关时，苏州驻军五、六两团竟然相互攻击，兵戎相见，又燃战火，一时间苏州城城门键闭，廛肆辍停，笼鸟釜鱼，危如累卵，幸亏苏州商团登陴守捍，彻夜巡防。其时因直奉战争溃兵纷退南下，常州、无锡风声日紧，苏州商团又抽调团员，会同军警，筹设军警商联组机关，分驻车站、马路，以堵截溃兵南下。各市乡设有商团之处，也都先期戒严出防。商团还将散窜劫掠的溃兵追截并解请官厅惩办。直到 1925 年 2 月底，军事结束，大局趋向太平，所有各业商民，秩序亟应恢复，各部商团酌量地方情形，陆续收束撤防，团员方才恢复经商营业的本职工作。苏州总商会鉴于苏州商团各部“自秋徂冬，已逾半载，暑炎冰雪，艰苦备尝”，特致函苏常镇守使、苏常道道尹请“分别给奖，以资鼓励，而彰劳勋”。最后，经江苏省长公署批准，颁发金色一等奖章 56 枚、银色一等奖章 100 枚，奖励证书 156 份。

偷盗抢劫会造成商民生命财产损失，苏州商团的日常巡查对于小偷小盗或单个劫匪似乎常有成绩，但毕竟力量分散，对行踪诡秘的大帮劫匪的突然行动往往猝不及防，常常是寡不敌众，难以抵挡。1927 年 9 月 24 日，据苏州商团金墅支部部长孙文藻向团本部报告,黎明时突有大帮匪船八九艘,载着身穿制服的劫匪一百数十人持械登岸,到金墅镇分头围劫水警、商团的枪械,同时还劫掠全镇商店居民。苏州商团金墅支部驻队团员出而抵御,无奈寡不敌众,受伤数人。所有未值日团员放在店内的枪械子弹全部被搜去。苏州商团本部接到金墅支部求援电话后,立即与军方联系请求派队协助,团本部也抽调团员一大排,会同陆军步兵二连,准备坐船开赴金墅跟踪追击。不料这时接到电话说该匪又在北望亭镇劫夺护卡水警的枪械,并已经逃往方桥、黄埭一带,于是苏州商团又变更原定计划,改道赶赴黄埭,相机堵截,却并未发现匪船,剿匪行动失败。1929 年 4 月 18 日,驻斜塘镇吴县警察队分队部全队奉令与驻军警队会剿帮匪,仅留四名伙夫和勤务看守队部。一时斜塘防务空虚,苏州商团斜塘支部即派员负责巡查。不料 4 月 20 日黎明,突有大帮匪徒 100 余人分乘 7 条船抵达斜塘镇,各执快枪、盒子炮,口操巢湖、浦东口音,一拥登岸,分头包围商团斜塘支部出防所、驻镇吴县警察队分队部暨停泊东市梢之县建设局市乡电话工程局,还嚣张地鸣枪示威,打门抢劫枪械。劫械到手后,匪徒们即上街分批撞开商铺门窗,挨户搜掠银钱衣物,然后坐船逃离。商团斜塘支部寡不敌众,有团员受伤。1930 年 12 月 10 日,大帮湖匪洗劫浒关乡通安桥镇,该镇商团教练朱作舟集队抵御,却因寡不敌众,中弹殒命。事后经吴县县商会同苏州商团团本部请省县政府严缉凶盗,对朱作舟给匾褒扬并开会追悼。

1931 年“九一八事变”爆发后,民族危急。苏州商团于 9 月 27 日召开城乡支部联席会议,针对日本无故出兵东北、侵占中国疆土,横施强暴,蔑视公理的暴行,呼吁当地武装团体应有所表示,共谋救国方针。商团第十一支部提议:各部应扩充员额,添招新班,加紧训练,以期为国报命;各工厂、商店应尽量派员加入商团,凡雇用人数满 5 人以上者,必须派出团员 1 人。苏州商团根据会议决定,于 9 月 29 日函请商会即日召集各同业公会开会讨论以上办法,请予一致设法赞助,以尽国民天职。10 月初,苏州商团成立了商团义勇队筹备委员会,由每个同业公会推出团员 1 至 2 人,年龄在 18 到 40 岁之间,身体强健,无不良嗜好者,组成商团义勇队,实施训练,以养成军国民资格,保卫地方,共御外侮。1932 年上海“一·

二八事变”爆发后，战事不断扩大，驻苏军队大都开拔，苏地治安有所松懈。苏州商团通令城乡各支部商团全体出动，并参加吴县地方治安会，努力工作。嗣后国民革命军第十九路军退守昆山，防务严重，原有团员都不够支派。针对商团团员都是义务性质，均有职业在身，不能专事兼顾商团专责，而且各支部力量分散，对紧急调动存在管理上的碍难之处，苏州商团召开紧急会议决议，从各支部酌抽团员若干名，筹组商团临时巡游队4队，以集中自卫实力，便利指挥。各队分别为48、48、24、24人，各队分别选定阊门外苦儿院后面、塔倪巷宝积寺内、景德路汪氏义庄内、娄门外大街商团第十二支部内集中驻扎，日夜驻守队部，分班出外梭巡，并随时听候调用，藉以维持后方防务。在上海“一·二八”抗战期间，苏州商团全体成员在城乡内外分任巡逻及稽查车站轮埠、保护行旅等事务，协同军警维持治安，历时达两个月。5月28日，第十九路军举行淞沪抗日阵亡将士追悼大会，苏州商团团长季小松（厚柏）、团副施莹（筠清）作为苏州商团代表出席参加追悼活动。

“一·二八事变”中的抗日将士

不过，商团自身纪律不严也会造成商民的损失和社会的不安。所以，商团特别注意维护团规，对出现的问题及时处理，这也是苏州商团志在保商的重要体现。1925 年 12 月 31 日，苏州商团斜塘支部教练员丁振芳身穿商团制服，腰佩指挥刀，来到苏州源茂丝厂与厂方交涉，因为其妻是该厂剥茧女工，几天前与管工司事因事发生争执，丁振芳到厂索要医伤费，双方谈不拢，丁振芳即狂吹警笛两长声，厂内男女工人七八百名全奔至厂外围观，一时间秩序大乱，厂方立即报警。苏州警察厅在审查双方当事人后，认为丁振芳不应在非商团服务时间穿着制服，更不该因私人原因凭藉商团教练名义持蛮闹事，甚至妄吹警笛，扰及工厂秩序。苏州商团电请警察厅获准，由团本部惩办丁振芳。鉴于丝厂经理表示不欲深究，极愿和平了事，而丁振芳本人又一再哀求，表示愿上缴军服，开除职务，自愿具结悔改，商团决定从轻发落，将丁振芳军装卸除，照章斥革。苏州商团本部又要求斜塘支部将丁振芳教练职务立予停止，除名出团，以肃团规而资整饬。苏州商团对团员持枪行劫等严重行为，在查明事实后将当事人及相关责任人先行撤职，由公安局核办并听候法院查办严惩。

盈盈一水间

苏州商团的解散

政局动荡、商人自保是苏州商团建立和扩展的重要原因。苏州商团斜塘支部的建立、解散及重建可以作为苏州商团存在原因的一个特写。1924 年，因江浙战争爆发，斜塘建立了临时保卫团，作为权宜之计。不料战乱之后，游兵散勇匿迹乡里，一旦疏于防范，他们就会扰害地方。斜塘地处金鸡、独墅两湖湖滨，这一带港汊分歧，但一向无师船驻巡，防务单薄，于是经召集全体商民议决，于 1925 年 2 月改办商团。因斜塘地方苦瘠，经费有限，不能设立支部，便和与斜塘辖境接壤的苏州商团第十支部联系，借用对方的枪枝，将临时保卫团员 24 人改编成商团第十支部二排，驻守斜塘，作为第十支部第一派出所，隶属第十支部指挥。1926 年春间撤防以后，斜塘商团因购械经费无着，以致精神涣散，无形解散，所借枪械，则已归还第十支部。由于苏州商团本部历届召集紧要操防会议时，斜塘从未派员列席，苏州商团本部便根据斜塘乡乡政筹备委员会的请求和斜塘商团已实际解散的情况，将之照章注销。但 1928 年 12 月 17 日，斜塘镇突遭股匪洗劫，王巡长等 3 人遭惨杀。合镇商民经此匪警之后，风声鹤唳，一夕数惊，遂于 12 月 20 日召开地方善后会议，众意佥同，即席表决，恢复原有商团支部，并购置枪械。当时，该镇各商铺公捐存储有建桥基金 4000 余元，但建桥工程浩大，4000 多元只到实际所需款的四分之一，所以建桥事宜搁置已久，难以施工。鉴于地方防务重要，急不待缓，于是准予拨出半数计银 2000 元，作为商团支部开办、购械等费。并重新与苏州商团本部接洽，成立商团筹备委员会。同时因为天寒岁暮，临近夏历年除夕，各商家结收账项，地方上不能不有戒备，就召集旧时团员，发给制服枪械，派旧排长顾汜生督率出防，通宵梭巡，防守要隘，而资保卫。商团本部姑念保卫地方，准予先行开办。在未正式成立支部之前，一切事宜由商团筹备委员会完全负责。2 月 16 日筹备委员会召集团员选举部长、职员，并当即宣誓就职，成立支部，开始办事，继续出防。

正是因为社会动荡，商团在北伐战争前后发展很快。1928 年 7 月，苏州商团各方面又在原有基础上进一步扩大规模，团员增至 2188 人，拥有各式枪枝共 1567 枝，其中不乏先进的冲锋枪、手提式机关枪等，稍后还经批准配备了军用摩托车，达到了苏州商团发展的顶峰。但就在这时，北伐军进入北京，驱逐奉系军阀张作霖，北洋政府垮台。1928 年 6 月 15 日，南京国民政府发表全国统一宣言，声称要“从事整顿与建设，谋求完成建设新国家之目的”。1928 年 7 月，江苏省民政厅训令各地原有商团应改称特种保卫团。7 月 26 日，苏州、镇江、丹阳、武进、昆山、常熟、江阴、无锡、江都九县商团代表齐聚无锡华盛顿饭店举行联席会议，公推苏州商团副团长施筠清担任会议主席。各代表陈述意见，均表示不赞成特种保卫团名称，理由是保卫团系普通政治范围，听从民政厅指挥调遣；商团乃商众之自卫组织，经费出于商家，团员均系商友资格，职责是保障商人安宁，隶属在工商部之下，名称各异，事实不同，总之，商团姓“商”。1929 年 8 月，国民党政府整顿商会、商民协会等商人组织，吴县商民整理委员会也向江苏省政府呈请取消商团，认为政府早就明令各地商团改为地方保卫团，若谓商旅安危，政府自负保障职责，训政时期，商人更无自设武装团体之必要，商团组织必须取消。南京国民政府立法院也通过《县保卫团法》，规定一切自卫组织均应改组为保卫团。1930 年 5 月，江苏省政府通过《江苏省县保卫团法施行细则》。但商团以一旦改编即无异于遣散，如果实力骤减，地方治安亦堪忧虑为由来拖延改编的实施。同时，国民政府在实际的防剿事宜中已经调动商团配合军警出防，说明商团对于剿防尚有成绩，而且就经费而论，若全部改编后出防，则所需添配服装以及日常食用一切，为数颇巨，政府一时也没有这么多款可拨。就这样在不断的官

孙中山在检阅商团会操

商拉锯战中，商团改编一事就拖延下来。直到1935年10月底，江苏省政府再度颁令：为切实奉行保安制度、统一地方武力起见，所有各县乡镇之商团名义于11月1日起一律取消，改编为壮丁预备队或守望所，受县长及乡、镇、保、甲长之节制指挥。吴县县政府认为此事关系到冬防，允许商团在冬防期内暂时维持现状。冬防结束后的1936年2月6日，县政府派秘书黄胜卿、县保安大队队副聂德昭、第一区区长吴公光与苏州商团本部季小松、县商会程干卿、刘正康开会讨论结束办法，决定苏州商团将枪械全部交出进行检点接收，如不交出枪械，以后查出，即由官厅以私藏枪械论。至于商团各部原有团员将来如何改编，因为商团本身在交出枪械之后根本不复存在，所以听由团员本身的自愿，也正因为此，所以商团义务团员的名册并不在接收之列。这样，历时29年又6个月之久的苏州商团结束了自己的历史使命。著名的商会史研究专家朱英教授认为，苏州商团以地方治安为目的，不参与其他政治活动，所以没有遭受像上海商团那样诞生不到10年即被勒令解散的厄运，相反还在政权不断更替甚至是军阀混战的局面下左右逢源，得到进一步发展，成为中国近现代历史上存续时间最长、也是最后一支极具影响力的商人武装自卫组织。

只是，当时苏州的地方安全真的能完全依赖政府吗？就在商团解散不久，1936年3月26日，商会木渎镇分事务所常务委员汪汉文向吴县商会主席程干卿反映：木渎濒临太湖，素为盗匪出没之所，民元以降，幸各驻汛水陆

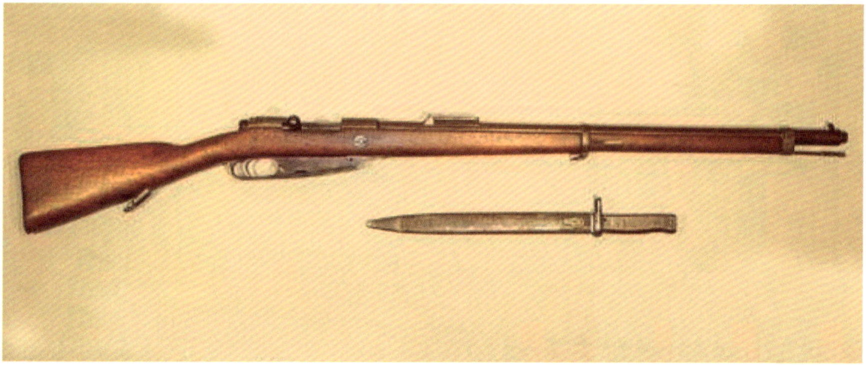

商团军械

警队堵剿有方，以及地方人士慷慨捐资，招募壮勇，组织保卫团、商团等，防御得法，10余年来还比较安宁。但自年前水警带队部撤防调往别处后，地方自卫武装诸如保卫团、商团等也相继奉令解散。虽然解散商团时，县府曾派保安队来木渎暂驻，以安人心，但不久即调往别处。苏城门户木渎的防务顿时空虚，盗抢案件屡屡发生，而公安第五分局除了扰商病民之外，别无能力。当地居民日夕震怒，寤寐难安。虽传闻县府有饬区编壮丁队，藉保安全之举，但因为是刚刚创办，而且所募壮丁没有经过充分训练，就很难成为御敌防劫的有力保障。木渎在商团解散后的防务治安乃是苏州的一个缩影。而就在一年多后，日本发动全面侵华战争，在民族大难临头之时，回想政府强行解散商团之举，岂非自废武功？无异开门揖盗！

李顺昌西服号：洋风吹进天赐庄

谭金土

2002 年 9 月 13 日，新华网及多家媒体曝出一则新闻："宁波市服装博物馆的研究人员经过半年研究，发现中国人开的第一家西服店是由宁波人李来义于 1879 年在苏州创办的李顺昌西服店，而非国内服装界公认的 1896 年由奉化人江辅臣在上海开的'和昌号'，这将宁波'红帮'史和中国西装史整整向前推进了 17 年。"

报道中的这位"宁波市服装博物馆的研究人员"叫陈万丰，当时是宁波市服装博物馆的常务副馆长。报道还说："陈万丰在查阅中国近代纺织史时发现，苏州市的第一家西服店是由宁波人李来义于 1879 年创办的，他激动万分……"如果这是事实，不仅是陈万丰副馆长先生激动，作为新苏州人的笔者也会"激动万分"的。

但是，笔者在还没有激动万分的时候，回望了一下 1879 年的苏州城，那时，正是清光绪五年，虽说上海因《南京条约》开埠已经 39 年，但来到苏州城里的外国人也是凤毛麟角，好像在 1840 年之前有一个叫呤俐的外国人参加太平军来过苏州，还有镇压太平军的洋枪队也来苏州打过仗，好像法国人李阁朗来苏州拍过风光照片，还有几个外国传教士住在宫巷一带，手拿《圣经》乘着船到各处转悠过。这几个外国人可能是穿着西装来苏州的，至于中国人，特别是那时的苏州人，士绅一律穿着长袍马褂，而劳动者则是短打，笔者并没有看到过早于 1900 年的中国人穿西装的照片。如果李来义在苏州开西服店，那他又是为谁做西服呢？外国人会要他做西服吗？一般说来西服不是一两年就穿得坏的，因为它多为毛呢料子制作，来苏州的外国人是用不着在苏州做西服的。即使有一两个外国人请李来义做西服，如此少的客源，李来义的西服店也是难以生存下去的。

因此，笔者的结论是 1879 年李来义在苏州最早开设西装店的说法是不可靠的。

1930 年东吴大学毕业刊上李顺昌西服号的广告

上面的结论是依据常识作出的推论。于是笔者翻出了东吴大学 1918 级毕业刊。那上面的第一则广告便是李顺昌号服装店的，笔者特别注意了这则广告的称谓为“李顺昌”，而不是李顺昌西服号，这则广告的中文词是“本号开设天赐庄二十余年，专制时式西衣、学校军服，料质优美，做工精良，工价克己，惠顾者请驾临蔽号接洽可也”。天赐庄就在东吴大学边上，东吴大学于 1900 年在美国注册成立，它是美国用庚子赔款兴办的教会学校之一，学校有较多的外籍教师，而中国籍教师也多是从外国留学回来的，校园里西风阵阵，东吴大学的学子们从思想观念到服饰打扮渐渐被西化，穿西装的学生多了起来，李顺昌号服装店制作“时式西衣”

正是应了市场的需求。但是从1918年向前推20余年，顶多只能推到1895年左右，绝对推不到1879年。如果说宁波人江辅臣在上海开设“和昌号”西服店的时间是1896年，那么李来义在苏州做西服的历史也应当差不多就在1896年前后，两位同乡算打个平手吧，向前再推17年是没有依据的。

本文所配老照片取自笔者收藏的东吴大学1930年毕业纪念刊，那时，东吴大学的学子绝大多数穿上了西装。在东吴大学1930年毕业刊上也有李顺昌号登的广告，不过店名已经改为“李顺昌西服号”。这则广告的中文词依旧是“本号开设天赐庄二十余年，专制时式西衣，学校军服，料质优美，做工精良，工价克己，惠顾者请驾临蔽号接洽可也”。一字没改，但是店名加上了“西服号”三个字，否则“本号开设天赐庄二十余年”一句便说不通了。加上“西服号”三字，我们可以理解为原来的“李顺昌”可能是兼做西服，而30年代的“李顺昌西服号”已成了专做西服的店家。这当然是因为西风更猛烈了，东吴大学的学子们对西服的需求更大了。

话说这李来义是浙江宁波人，光绪年间到上海一家日本人开的服装店打工，学得了一手制作西服的手艺。满师后，李来义经人介绍来到苏州，在天赐庄的一位邬姓老板的“邬顺昌号”服装店里干活。“邬顺昌号”

1918年的东吴大学学生还极少穿西装

1930 年的东吴大学学生穿西装的渐渐多了起来

服装店当年做的也都是长袍马褂一类传统服装，李来义学的那些西服手艺派不上用场，但李来义生来聪明勤快，中式服装的手艺一学就会，很快便深得邬老板器重。

邬老板只有一个独生女儿，李来义便成了邬老板家的入赘女婿。邬老板故去后，邬顺昌便改成了李顺昌。改成李姓的“顺昌号”转眼便迎来了 20 世纪的曙光。1900 年，苏州天赐庄由西方的上帝天赐了一座大学堂——东吴大学堂。美国人从太平洋彼岸运来了不少建筑材料，派来了建筑师、技师，学校建好后，又送来了传教士、学者、教授，美国来的建筑师、技师、传教师、学者、教授一个个西装革履，呢子的衣料，敞着胸的大翻领的衣领，颈项里系着一条花布领带，衣服紧身而挺括，与中国传统的长袍马褂有着巨大的差别，因为是西洋舶来品，中国人把它叫洋装，也叫西装。

李来义当然熟悉这些洋装、西装，也从中捕捉到了商机。于是，他开始买进呢子衣料，给自己做，给孩子做，当做活体广告，以吸引东吴大学的学子，吸引洋人的眼球，渐渐地有人来试着叫李来义做西装了，李来义精工制作的西装穿在东吴学子的身上，学子们行走在东吴大学的校园里，中国人制作的西装与洋人带来的西装一齐在校园里晃动，李来义的生意火起来了，“李顺昌号”的西装名声大振了，在东吴大学毕业纪念刊里，“李顺义西服号”的广告登在了最显著的位置。

相比中装而言，西服的制作更为复杂和精细，价格自然也不菲。或许当年做一件中式服装的工钱只需十几个铜板，而制作一件西装则需要十几个银元，但东吴学子们仍趋之若鹜，到“李顺昌西服号”订做西服成为他们走向现代生活的主要标志之一。

依托东吴大学学子们的需求，“李顺昌西服号”的生意越做越红火，李来义的西装做工也越来越精致。不久，与西装配套的皮鞋店也在天赐庄开起来了。苏州城里的富家子弟也开始尝试穿洋装了，李来义的西装生意做不过来，于是苏州城里又来了不少宁波裁缝，这些专做西装的宁波裁缝人称“红帮”。

当年苏州城里究竟有多少家做西服的服装店，很少有这样的资料供统计研究。不过一位姓司马的先生提供给了笔者一张摄于30年代的“吴县（即苏州）西服业同业公会成立大会”的合影照片，照片上共64人，除了商会的领导或当地政府人员外，店家代表应当有50多人，这个数字在苏州这样一个规模不算太大的传统城市也不算小了。

苏州是一个相对保守的城市，但坐落在古城东部天赐庄的东吴大学内的西风却吹得紧，西风带来了西洋的服饰打扮。借着东吴大学学子的需求和社会转型期现代时尚生活的扩张，苏州的西装业倒是领风气之先的。笔者无法断定李来义的李顺昌西服号比他的宁波同乡江辅臣的和昌号西服号谁先谁后，但可以确定的是，他们分别在苏州和上海创设的西服店可以称作中国西服业的先驱。

更值得一提的是李来义的儿子将西服店做成了连锁店，他先后在上海、南京、扬州都开过“李顺昌号”西服店。“李顺昌号”西服店当年在国民政府的首都南京更是风光无限，国民党的党政要员、外交人士和社会名流们的西服大多出自李顺昌西服店。直到今天，南京的李顺昌西服公司

依然生意红火，并被评为南京“百年老字号”——从苏州起步的“李顺昌”真正走过了百年，成了中国西服业的一只领头羊。

终于与宁波市博物馆的陈万丰副馆长电话联系上了，笔者对李顺昌制作西服时间的考证也得到了印证，他说他搞错了，不是 1879 年，而是 1897 年。为何会错？他说是《苏州市志》上写错了。我没有查过《苏州市志》。但陈先生有一张手拿李顺昌号在 1918 年东吴大学毕业纪念刊上的广告的照片，那张广告和我收藏的那本毕业刊上的广告完全一致。广告上明明写着本号开设“二十余年”，怎么也推不出 1879 年的结论来，可能是陈先生求早心切，选择了相信一个错误的信息，而忽视了历史的实物信息。

如果不与陈先生通过电话联系上，笔者的考证也只是理论上的推断而已。

陈先生的这一错误信息至今仍在网络上传播，看来对于网络上的信息也不可不小心求证。

福康制药所：苏州现代医药化工业的摇篮

谭金土

望星桥南堍 6 号朱子久故居被列入苏州市第二批控制保护建筑名单，并非因为它是一座豪宅，而是为了纪念对苏州的医药化工作出杰出贡献的朱子久先生。民国二十二年（1933 年），朱子久先生在盛家带 29 号创设了福康制药所，这是苏州第一家化学制药企业。新中国成立后，朱子久用他的技术不断开发新药和化工产品，对苏州化工企业的发展起了相当重要的作用。盛家带福康制药所可以看做是苏州现代医药化工的起点，而朱子久则是苏州现代医药和化学工业的创始人和开拓者。朱子久的人生之路或许也是一位民族资本家与新中国的合作之路。

东洋学药，回国合药

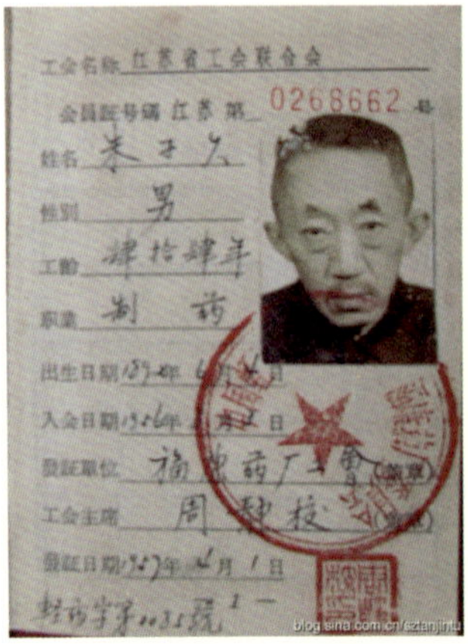

朱子久的工会会员证

朱子久，1892 年生于浙江吴兴，在家中排行老大。他的父亲朱寿门（1865—1942 年）早年曾任商办浙江铁路公司会计局账务科科长、沪杭甬铁路统计科科长。1907 年，朱寿门辞去铁路上的职务，转而经商，在杭州开办“诚济堂”商号，经营洋广杂货、中药材，兼售西药。西药乃是外国人生产的化学药物，它治病神速快捷，在中国销路日广。朱寿门以商人特有的敏感，看准西药是医药行业中有利可图的新型商品，于是决意将儿子培养成为生产西药的人才。

1912 年 6 月 1 日，浙江慈溪人韩清泉等人在杭州创建成立浙江医学专门学校，这是我国最早自办的医学专门学校之一，韩清泉为首任校长。韩清泉曾于清末留学日本学医，归国后任浙江高等学堂（浙江大学前身）校医。他看到国内缺医少药，便决心兴办学校，培育祖国的医学人才。为了改变化学药品被洋人垄断的现状，韩清泉又于 1913 年增设药科，这是我国最早创办的药学专业，校名也因之改为浙江公立医药专门学校。

朱寿门要在经营西药的业务中与韩清泉校长成为至交，他要培养儿子学习制药的想法得到了韩清泉校长的积极支持。1913 年，朱寿门把 20 岁的儿子朱子久送到了刚刚成立的浙江公立医药专门学校学习药学。1915 年毕业后，朱子久又被韩清泉校长介绍到日本东京西药专科学校进修。1917 年，朱子久学成归国，父亲朱寿门把儿子介绍到上海五洲大药房任药剂师。

项松茂

五洲大药房由著名实业家夏粹芳、黄楚九和药剂师谢瑞卿等于 1907 年在上海创立。1911 年，浙江鄞县人项松茂被聘为经理，朱寿门的杭州“诚济堂”商号兼营的西药都是从上海五洲大药房批发来的，朱寿门因此与项松茂成了莫逆之交。朱寿门让儿子到项松茂的五洲大药房做事，为的是让朱子久好好学本领。

五洲大药房招贴画

1915 年，五洲大药房原股东之一黄楚九由于要投资新世界游乐场，将五洲大药房的股份全部转让给了项松茂。五洲大药房改组为股份有限公司，项松茂成为董事兼总经理。第二年，五洲大药房从福州路广西路口迁到了交通更为便捷的福州路河南路口，并在店内成立“合药间”，自制品牌成药，如人造自来血、补天汁、月月红、呼吸香胶等。从东洋的专业学校学成归来的朱子久也正是项松茂急需的制药人才。

项松茂是一个极有事业心的企业家，他看准一个收购办厂的良机，并购了一家德商固本肥皂厂。1920 年，项松茂购进闸北天通庵路地块，次年又将五洲资本增为白银 50 万两，扩建厂房栈屋，并重组五洲大药房与固本肥皂厂，创建为“五洲固本肥皂药厂”，内设制皂与制药两部。随后，项松茂又以大手笔收购了德商亚林化学厂、中华兴记香皂厂等相关化工企业，成为当时沪上最大的化工药品制造厂家。朱子久则在五洲大药房的“合药间”整整做了 6 年的药剂师。

自办药店，研制新药

朱寿门教子有方，朱子久真的三十而立了。

朱子久的父亲朱寿门是一个极具眼光的商人，朱子久进了五洲大药房后，朱寿门便将杭州的产业转移到上海，继续他的“诚济堂”商号的营业，这样既可以陪伴儿子，又可以引导儿子。1923 年，30 岁的朱子久在五洲大药房也已当了 6 年药剂师，羽翼既丰，正是独立干一番事业的时候了。于是朱寿门便将“诚济堂”关歇，把所有资金传给朱子久，鼓励儿子离开五洲大药房，自己独立开办药店。在父亲的支持下，朱子久于 1923 年离开五洲大药房，在上海肇嘉浜路 397 号开设福康西药店，开始了独立经营药店和研制西药的事业。

福康西药店在开创之初，资金只有 1 万银元，职工 7 人，设备是两台从日本订制的手摇轧片车，规模并不大。朱子久离开五洲大药店时曾经与项松茂签有协议，他不能利用在五洲大药房获取的技术生产与五洲大药房相同的化工药品，以免形成与五洲大药房的恶性竞争。朱子久非常感激五洲大药房 6 年来对自己的信任，让他在五洲大药房既施展了才能、更学到了知识，他信守与五洲大药房的协议，坚决不做有损五洲大药房的事情。在福康西药店开办的第一年，他请父亲照料门面，经销五洲大药房的西药，而他自己则一头钻进了家庭实验室，在那里他独创研制出了镇痛新药“凡痛灵”。

“凡痛灵”是朱子久学习德国进口药品“凡接蒙”制造成功的，他在实验室中仔细分析德国药品“凡接蒙”的化学成分，并结合自己的合药经验，形成了“凡痛灵”的特有配方，制造成功了国产的化学药品。“凡痛灵”是我国最早的具有镇痛特效的国产化学药品之一，它的面世打破了德国镇痛药“凡接蒙”在中国的垄断地位。由于其有较好的镇痛疗效，并且价格低于进口药片，投放市场后大受欢迎，福康西药店也因此声誉鹊起。

起初，福康西药店还是一家前店后坊式的传统店铺，随着镇痛新药的研制成功，福康西药店逐渐扩大了药品研制和生产的规模，除生产“凡痛灵”药片外，它还承接由集美、新亚两家上海较大药房提供配方的药片加工业务。从1924年起，福康西药店每年营业额达5万银元，实现年利润1万元。

朱子久制造“凡痛灵”获得成功后，又致力于开发其他化学新药。从1924年到1930年，他研制成功了补血解毒剂“利眠乐片”、补血新药“立勃络髓”、消化剂“育道片”“轻宽剂”“通乃分”“彭可宁”、去痰镇咳剂“扑咳他劲”和“法可宁”等，这些国产新药的出现，打破了中国化学药品市场被进口货垄断的局面，以质优价廉的优势逐渐占有市场。1930年，朱子久成为国民政府卫生部颁证的药师，他所研制的“凡痛灵”“立勃络髓”“利眠乐片”“彭可宁”“扑咳他劲”和“法可宁”等新药，经国民政府内政部药政局查验合格，取得了“成药许可证”，编号分别为1930年第一号至第六号，朱子久成为国产化学药品的创始人。

1933年出版的《中国实业志》这样评述朱子久先生对研制和生产国产化学药品（时称西药）所作的贡献：“西药业一向操之外人，嗣后华人之供职于药房者，熟谙西药获利之厚，乃相率自己设肆，如上海福州路之中西药房、北京路之中法药房、南京路之华英药房……虽皆有数十年历史，祗以缺乏专门人才，只能贩卖西药至于一般普通药房，为迎合社会趋势及民众之心理起见，乃将舶来品改头换面，冒充国货，实则既无药厂，何由制造。若夫专门设厂制造者，当推民国十二年之福康西药店，虽规模不大，出品不多，然货精价廉，实事求是，在吾国新药中，实不可多得……”从这段评述可以看到朱子久研制、生产的新药在旧中国制药业中的地位。

由沪来苏,开办药厂

1933 年,事业蒸蒸日上的朱子久却作出了一个将福康西药店迁到苏州的重大决定,地址就设在望星桥南侧的盛家带 29 号。盛家带 29 号是朱子久从一位徐姓人家所购得,老宅 3000 多平方,有前后九进,前门在盛家带河边,后门在迎枫桥下塘。

迁到苏州的福康西药店改名为福康制药所,朱子久把上海福康西药店的设备和职工全部迁来,又添置了 1 部花篮式压片机、4 只糖衣锅、1 只水汀炉等制药设备,职工有 17 人,不再经营药品,而一心一意从事化学药剂的研制和生产。

朱子久为何把福康西药店迁到苏州?有一种说法是上海西药生产的竞争太激烈,朱子久在上海的发展余地不大。这种说法或许不合事实,难以成立。依据 1933 年的《中国实业志》对朱子久的评述,当时他研制和生产新药的技术正处在国内领先的地位,远非一般只经销西药和改制西药的药商所能比拟,1930 年时的朱子久已有 6 种药品获得药政局颁发的"成药许可证",应该说他在上海制药业的发展和竞争是有很强的优势的。

笔者在采访朱子久 82 岁的大儿媳姜霭华女士时,她给出了另一种说法:1932 年,日本人在上海发动"一·二八事变",上海闸北一带炮声隆隆,商铺被毁,民房被焚,朱子久的父亲朱寿门受到惊吓,认为上海不安全,这时朱子久的大儿子也即后来姜霭华的丈夫出生,朱寿门视之为掌上明珠,当时的上海常发生绑票事件,朱寿门认为上海不适合居住,决意要离开上海。朱子久向来孝敬父母,经过多方物色,终于在苏州盛家带找到了一处静谧的深宅大院,房屋五开九进,院内有假山花园,极宜父亲养老休养。而且那里紧靠东吴大学,离上海商埠也不远,在苏州静心研制和生产出的药品也便于向上海销售。征得父亲同意后,朱子久终于将家庭和店铺的全部家当搬到了苏州盛家带。姜女士的这一说法应当比较符合历史背景和朱子久当时的实际情况。

迁到苏州后的福康制药所实际上是一个化学药品研发单位,靠河的前两进是工人的宿舍,第三进是朱子久家人的住处,第四进是朱子久的书

冬季盛家带

房和实验室，书房里满壁图书，实验室里陈列着各色化学原料，排列着大大小小的烧瓶、反应锅。朱子久整日整夜地在书房和实验室里不是看书就是做实验，累了就到花园里莳花弄草。房子的最后几进是制药车间和成品仓库。朱寿门和朱子久很满意盛家带制药所安逸的生活环境和有序且有效的新药研制进程。

1934 年，福康制药所改称福康制药厂。1934 年至 1937 年间，朱子久在盛家带福康制药厂又研制出了"福康合维膏""福康痉咳水""烹克力劲""萨婆律软膏""五蝠疮毒膏""安肤康"等新药。

1937 年"八一三事变"后，日寇侵占上海，上海军民奋力抗战，大批将士负伤，上海镇痛药品奇缺，朱子久闻讯后，连夜发动福康制药厂的职工赶制了几万粒"凡痛灵"药片，送到上海为伤病员疗伤止痛，以实际行动支援抗战，表现出了朱子久强烈的爱国情怀。

1944 年，朱子久与顾嘉康、朱子毅（朱子久的堂弟）、史致富等集股 2 万元筹建福康药厂股份有限公司，以扩大生产规模，由朱子久任董事长兼厂长。1950 年，福康药厂董事会改组，朱子久辞去董事长兼厂长的职务，

画舫映绿波

专门从事新药的研制工作。这期间，他主要着手研制药典制剂，如六合维生素片、干酵母片、十滴水、氯苯乙烷喷射剂及磺胺类药片等。抗美援朝期间，福康药厂生产的磺胺类药被大批送往朝鲜战场，为抗美援朝前线的志愿军受伤战士提供了有效的消炎药品。由于贡献突出，朱子久当选为苏州市第一届人大代表。

研制农药，开拓化工

1955 年，福康药厂实行公私合营，并入了一些小制药厂，福康药厂搬至新厂址，工厂扩大了规模，生产范围超出了药品，开始研制生物化工和各类化学制品。朱子久依然是药剂师，但他的工作范围远远超出了药品研制。扩大了规模的福康药厂添置了比较完备的化验设备，更使朱子久有了用武之地，他虽然年过六旬，却依然全身心地投入到了新的化工产品和化工项目的开发研制之中。

朱子久故居

20 世纪 50 年代，各类食品和药品对糖精的需求量日增，福康药厂根据市场的需要开始生产糖精，随着糖精产量的逐年提高，生产过程中产生的“废料”——对甲苯磺酸氯也越积越多，厂里不得不腾出一片空地堆放，日积月累，“废料”堆积如山，散发出难闻的臭味，严重影响了工厂和附近居民的环境卫生，居民纷纷提出意见，厂里却又难以处理这些“废料”。

1956 年 2 月，药厂党支部书记朱康年请朱子久负责处理和利用糖精废料。朱子久在《化学世界》杂志中看到从糖精废料中提取甲苯的信息，他立即依照文章提供的方法进行试验，但由于这个方案所需原料较为复杂，当时厂里难以配全，多次试验效果都不佳。春节来临，朱子久脑子里全是如何提取甲苯的问题,他在家里翻阅检索大量德文版的化工资料,终于寻觅到了用替代原料从糖精废料中提取甲苯的方法。春节后一上班,朱子久卷起铺盖睡到了工厂实验室,集中精力全力投入试验,一连10多次的失败都未能使他灰心,终于在1956年3月15日获得成功,第一次就从100斤糖精下脚料中提取出了30斤甲苯,3个月后,甲苯的提取率提高到每百斤下脚料中获取45斤。甲苯是重要的化工原料,朱子久这项试验的成功,不但充分利用了积聚如山的糖精废料,而且每年可为工厂节约资金15000多元。

1956年3月20日,《新苏州报》头版头条以《福康药厂老年药师朱子久从废料里提取用途很广的甲苯》为题报道了这一消息。3月25日的《新苏州报》又发表评论文章《从失败到成功》,详细介绍了朱子久不畏艰难、勇于实践、为国家多作贡献的事迹。5月3日,苏州市轻工业公司评选朱子久为"先进工作者",厂里为此召开了大会,表彰朱子久的优异成绩。

随着制药和化工规模的扩大,福康药厂进行了结构性调整。1957年,景德路福康药厂的一部分并入苏州第一制药厂,一部分迁到官渎里成立福康化工厂,朱子久随福康化工厂来到了官渎里。这个时期,朱子久依旧忘我地工作,日夜坚守在工厂的实验室里,开始研制农药。同年,朱子久研制成功奈乙酸,这是一种植物生长促进剂;还研制了醋酸苯汞,这是三麦杀菌剂。奈乙酸和醋酸苯汞是苏州最早生产的两种化学农药产品,也是苏州化学工业的开创性成果。随着朱子久的农药产品的试制成功,1958年,福康化工厂又诞生出一个"卫星厂"——苏州农药厂,它的诞生为苏州的农药化工生产奠定了基础。其后,与福康制药厂同根同源的工厂的归属不断变迁,名称也不断改变:福康化工厂改名为苏州精细化工厂,苏州农药厂迁到南环路,并成为后来的苏州化工农药厂——虽然社会在不断地发展变迁,然而苏州后来成立的很多化工企业大多都可以追溯到朱子久于1933年在苏州盛家带设立的福康制药所。

寿墓被盗，子久病逝

2009年，笔者采访住在望星桥6号的朱子久长媳姜霭华女士。在采访姜霭华女士的过程中，说起朱子久的病逝，却牵出了一桩奇闻，特作为本文的花絮，录之于下，以增广闻。

姜霭华女士

谭金土：据说朱子久的父亲是1947年去世的，您是哪一年与朱子久的儿子结婚的？您见过朱子久的父亲朱寿门老先生吗？

姜霭华：我今年82岁，是20岁时也就是1948年与朱子久的大儿子朱履康结婚的，朱寿门那时已去世，他活着的时候我没有见过，却在1959年7月1日看到过。

谭金土：啊！是梦见？

姜霭华：不是，是看到他的真身。

谭金土：啊?!

姜霭华：事情是这样的，1959年6月底，我们家接到了浙江湖州朱子久老家的来信，说朱寿门的墓被盗，要我们去处理。我于7月1日赶到湖州白雀山朱家墓地。朱家墓地建得很豪华，墓园前有12级台阶，台阶上方有享亭祭桌。到了墓园，看到掘开了好几座坟，白骨撒了一地。朱寿门的墓是砖砌的，棺材被盗墓人盗走，朱寿门的遗体被抛在墓洞里，尸身却很完整，肤色如常，汗毛如初，朱寿门依然脸色白净，面带笑容，一点没有腐烂，现在说来朱寿门是成了木乃伊，但不是博物馆里陈列的那种发了黑的木乃伊。因为有一位亲戚陪着，我一点也不害怕。就这样，在朱寿门去世12年后我才看到了他的真实容颜。

谭金土：竟有这样的事？

姜霭华：奇怪的事还在后头。当时我看到这个情况很着急，便到靠近墓园边的防化连驻地了解朱家墓地被盗的情况。防化连的连长接待了我，说这墓是1958年12月31日下午有人上山来掘的，他们以为是墓主人家的人来移坟，便没有过问。挖了两天，到1959年的1月3日墓被挖开，第二天来了8个人把棺材抬到了山下。说来也怪，朱寿门的墓被盗竟然和他的儿子朱子久生病去世的时间完全一致。朱子久1958年12月31日从厂里开完会回家后便感到身体不适，那天天很冷，晚上睡觉时婆婆给他用汤婆子焐在被子里取暖，可能是太暖和了点，引发了高血压，结果就在那天晚上中风了，家里人急忙把他送到医院抢救，化工厂的领导闻讯后立即赶到医院，还专门成立了以化工厂书记为组长的抢救小组。朱子久是厂里的技术骨干，正等着元旦后靠他研发新产品。然而，1959年1月3日，朱子久终因抢救无效去世了。朱寿门的墓开始被盗，朱子久发病，朱寿门的尸身被人倒出棺材、抛在墓边，朱子久抢救无效去世，他们父子俩……

谭金土：真是巧合，看来他们父子俩是有灵魂相通的。那您是在朱寿门墓被盗半年后才去湖州处理后事的？

姜霭华：我是共产党员，还是沧浪区的三届人大代表，这是真的，不说假话。我是在朱寿门的墓被盗半年后接到湖州他们老家的来信才赶去处理的，当时婆婆年事已高，朱子久的三个儿子都在外地工作，婆婆要我去看看，这样我才看到了朱寿门的真身形象。后来我又找了当地派出所、村干部，在他们的协助下，我到湖州城里买了两只陶罐，把散落在墓前的两具先人的白骨分别装入埋了，又买了一具棺材把朱寿门重新装殓安葬，用

福康药厂广告牌

砖块水泥把朱寿门的墓重新封合。

姜霭华女士很健谈，她还告诉笔者“文化大革命”中朱家的遭遇，谈了盛家带29号被拆迁改造的情况，叙述了朱家的后人近况等。特别感谢姜霭华女士的是，她向笔者提供了唯一贴有朱子久照片的工会会员证和“文化大革命”中从垃圾桶中捡回来的绘有“五子登科”图案的福康药厂的广告牌（见上图）。

可以告慰朱子久及其家人的是，盛家带29号已于2001年被苏州市人民政府列为控制保护建筑，当年的福康制药厂将永久得到保留，后人来到这里一定能够感受到朱子久这位民族化学化工学家奋斗不息的一生。

苏州照相业发展小史

谭金土

摄影术发明带动了照相业的诞生

世界上公认的摄影术诞生于1839年8月19日。1826年，法国工匠尼埃普斯将一种特制的沥青融化后涂在金属板上，经暗箱曝光后得到一张街景的照片。不久后尼埃普斯去世，他的合伙人达盖尔继续这项研究，于1837年发明了“银版摄影法”。1839年，法国政府买下该发明的专利权，并于同年8月19日正式公布，因此这一天被定为摄影术的诞生日。这种由光化学引起的科技革命吸引了无数的科技爱好者，他们为摄影技艺的进步和完善作出了不懈的努力，甚至中国广东人邹伯奇在同时期对摄影术的独立研究也接近成功。

当时，用达盖尔的银版摄影法拍摄一张照片需要20至30分钟的时间曝光，这种摄影方法很不方便操作，只有极少数人掌握。1851年，英国人阿切尔发明了“湿版摄影术”，使人像摄影缩短至只需几秒钟，从而成为现代摄影术的开端。与此同时，随着照相机的改进，摄影术成为一项新兴的产业被迅速推向世界各国。

最早在镜头前曝光的中国人是两广总督兼五口通商大臣耆英。1844年，法国海关总检察官兼摄影家于勒·埃及尔来到澳门，而耆英刚好在澳门同法国使臣拉萼尼等官员谈判，于勒·埃及尔为耆英拍了一张照片。现在，这张珍贵的照片收藏于巴黎市郊的摄影博物馆。

摄影术的发明带动了照相产业的诞生和发展。综观历史，摄影术的商业化途径大致有两条。一是摄影作品作为商品供应给出版公司出版，在西方早期就有这样的专门出版照相图片的公司。那时在西方时兴一种立体照片，它是用两个镜头同时拍摄而成，洗印后的照片两两一组，观看图片时需要戴上特制的立体观像镜，如同早年看立体电影一样。在上世纪30年代电视机没有发明之前，

1843年法国人在照相铺拍照

西方人对立体照片的欣赏非常风行，如同中国人看连环画一样兴味盎然。作为出版物的照片还有一种形式就是以画报形式或新闻图片大量发行，在照片制版技术解决后，照片大量刊发在画报或报刊杂志上。摄影术的另一条商业化的道路便是广为开设的为私人服务的照相馆。1840年，美国纽约出现了全球第一家照相馆，在法国及欧洲各地也陆续出现了为私人拍照的照相铺。这一条商业化路径在中国也大行其道，因为照相馆在当时是高新技术行业，它的新奇吸引了众多顾客，开设照相馆投入资金相对较少，利润却丰厚，在中国的一些城市也逐渐出现了照相馆的身影。由于摄影曝光技术、暗房洗印和晒像的操作方法不是一般人都能够掌握的，清朝末年时中国照相馆的师傅对照相技术是保密的，时人杨勋用洋泾浜英语写的《别琴竹枝词》就记录了这个情况：

楼名福托葛来夫，拍照人间各样图。
药水房中常黑暗，只传儿子不传徒。

福托葛来夫是英文 photograph 的洋泾浜译音，药水房即照相馆洗印照片的暗房。在外人看来，药水房是为了保密才弄得如此暗嚓嚓的。“只传儿子不传徒”，这是中国工艺师的传统，很多照相馆的助手往往是在照

相馆“偷师”才学到摄影技术的。

中国照相业的发展经历了一个由南到北的逐步发展过程。19 世纪 50 年代，先是外国人在香港、广州、上海开设照相馆，接着作为外国摄影师助手的中国人掌握了摄影技术后便独立开设照相馆，并渐渐把照相馆开到大大小小的城镇。而这些外国摄影师的助手多为广东人，所以早期在各地开照相馆的老板或照相馆中的摄影师多为广东人。

清末苏州的照相馆

清末苏州的照相馆有据可考的是四家，即瑞昌、瑞记、古镜楼和兴昌。

瑞记和瑞昌其实是一家。据《苏州市志》记载，苏州第一家照相馆为创立于光绪八年（1882 年）的“瑞昌照相馆”，创办人是安徽人吴瑞生。吴瑞生早年随父亲经营茶叶杂货，常往返苏沪两地，对化学深感兴趣，曾游历日本，购得照相机学习摄影，一度赴南京为考生照相。光绪八年（1882 年），吴瑞生在观前街开办了“瑞昌照相馆”。后来“瑞昌”改名为“瑞记照相馆”，依然开设在玄妙观西脚门。

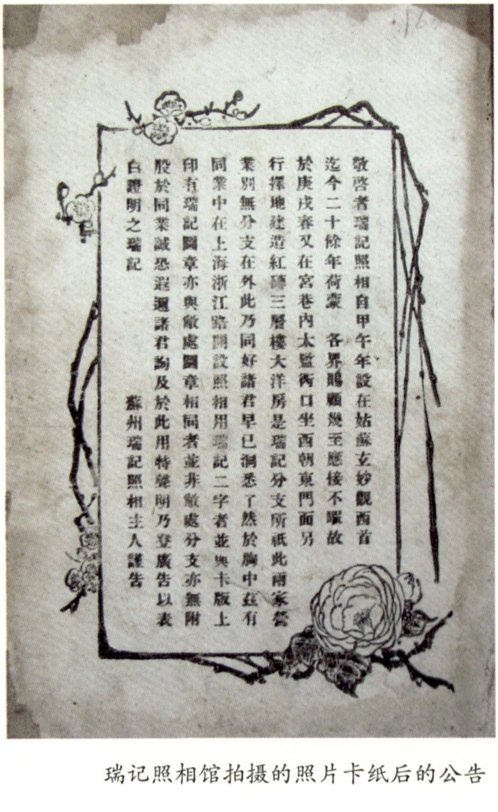
敬啓者瑞記照相自甲午年設在姑蘇玄妙觀西首迄今二十餘年荷蒙　各界賜顧幾至應接不暇故於庚戌春又在宮巷內太監衖口坐西朝東門面另行擇地建造紅磚三層樓大洋房是瑞記分支所祇此兩家營業別無分支在外此乃同好諸君早已洞悉了然於胸中茲有同業中在上海浙江路開設照相用瑞記二字者並與卡版上印有瑞記圖章亦與敝處圖章相同者並非敝處分支亦無附股於同業誠恐遐邇諸君詢及於此用特聲明乃登廣告以表白證明之瑞記

蘇州瑞記照相主人謹告

瑞记照相馆拍摄的照片卡纸后的公告

民国初年，吴瑞生在照相衬版背面印发的一则公告昭示了瑞记的发展经历：

在这则公告中，瑞记主人并没有提及“瑞昌”照相馆的开设情况和开设日期，据说，瑞记主人故意回避提及“瑞昌”照相馆并把“瑞昌”照相馆改名为“瑞记”照相馆，是因为“瑞昌”两字的苏州话读音与“随娼”两字音相同，而在清末的时候，一般妇女是不敢到照相馆拍照片的，只有妓女才敢于在照相机的镜头前抛头露面，并且为了招徕生意，这些妓女还把自己的肖像挂在照相馆或妓院门口。当年有一位叫李默庵的文人在《申报》上用一首《竹枝词》叙述了照相馆的这一现象：

显微摄影唤真真，较胜丹青妙入神。
客为探春争购取，要凭图画访佳人。

这种现象在风气开放的上海租界当然不足为奇，而在苏州这样的地方，照相馆让妓女进进出出，并把妓女的肖像挂在照相馆前，就会为人诟病。迫于舆论压力，吴瑞生便将“瑞昌”的字号改成了“瑞记”。

吴瑞生先生遗像

吴瑞生是位很有经营头脑的生意人，选择观前这块黄金宝地开照相馆果真是财源滚滚，仅仅 20 多年的工夫，他便在宫巷与太监弄口建了三层大洋房，开设新的瑞记照相馆，不久又把玄妙观西首的店合并到宫巷太监弄新馆。

吴瑞生的孙子吴承喜先生曾给笔者看了由上海的著名书画家、上海美术专科学校教授李芳园和马企周共同创作的《吴瑞生先生遗像》。遗像上满是黄宾虹、潘学固等 16 位近现代著名书画家的题跋。吴兆鼒是吴瑞生的独生儿子，字吉如，又字彬，毕业于上海美术专科学校国画系。吴兆鼒在父亲遗像上的题记中写道：

先大人讳观均，字瑞生，生于同治六年(1867 年)五月十八日巳时，殉于民国廿二年(1933 年)正月初一日申时。于年孤苦，秉德端异，于新兴科学首创摄影社及汽水厂于吴中，晚岁怡情书画，有冲淡优游之意。

这一题记说明吴瑞生不但在苏州开了第一家照相馆，还开了第一家汽水厂。据吴瑞生的孙子吴承喜说，祖父是在咸丰年间随着曾祖父逃避战乱从安徽歙县来到苏州的，先是做茶叶杂货生意，后来对新兴的化学感兴趣，曾经去日本考察。回国后先是在苏州开设汽水厂，那时汽水叫弹子水，因为当时汽水瓶上用一弹子封口，是苏打水的汽把弹子顶在瓶口，喝汽水时须把封瓶口的弹子压下才能饮用。在当时汽水是一种新式饮料，苏州人喝不惯，汽水厂最终没能开下去，于是吴瑞生关了汽水厂后开设了照相馆，瑞记照相馆扩建后，他除了亲自拍摄照片外，还聘请广东师傅徐

水云间

宽珊摄影。吴瑞生开照相馆的念头或与他的日本考察之行有一定关系，他的照相馆也曾一度称作“瑞记写真馆”，与日本人对照相馆的称呼相似。

早期的摄影棚采用自然光，没有灯光布景一说。因此那时照相馆的摄影棚都安置在楼顶露天，棚内既有平面的画布绘制成的背景，也有立体仿真的亭台楼阁和山石草木。一家照相馆的生意好坏，摄影棚的布置也是很重要的，精美的摄影棚会引来众多的顾客。吴瑞生社会交际广泛，与画界有很多交往，而且他自己也喜好绘画艺术，苏州的园林艺术更提供了精致无双的布景制作范本，因此瑞记写真馆的布景小巧别致，惹人喜爱，吸引了众多的顾客。

瑞记照相馆园林式布景之一

当时的摄影师还必须掌握化妆技术，照相馆一般备置相当齐全的行头，如同一个戏班子一般，以满足顾客们的各种需求。吴瑞生以他的独生子作模特儿，给他配上各种各样的行头和妆容，拍摄成照片，摆放在照相馆的橱窗内以吸引顾客。

因为使用的是化学胶卷，照相馆特别容易失火，1932 年夏天，瑞记照相馆遭遇了火灾。关于这场大火，民间还有另外一个版本，说是吴瑞生当年在安徽老家本有一房经父母包办的妻室，他到苏州开办照相馆后又娶了一房，原配妻子的娘家人对此不满，舅家便带了一帮人到苏州吵闹，并暗中放火烧了瑞记照相馆。这件事据说曾被好事者编成文明戏，在苏州茶馆中说唱过。吴家后人对这个传闻或信或疑，因时代久远，既无法证实，也无法释疑。

这场火灾对吴瑞生是一次致命的打击，之后吴瑞生便一病不起，于1933 年的正月初一日去世，享年 67 岁。此前，吴瑞生已在上海购置了房产，并送独生儿子吴兆鼒（学校注册用吴彬的名字）到刘海粟办的上海美术专科学校中国画系学习。毕业后的吴彬并没有经营瑞记照相馆，他决心离开父亲的创业之地（也是父亲的伤心之地），在安葬了父亲后，吴彬即携全家搬到上海谋生。苏州第一家照相馆在开办将近半个世纪后就这样在苏州城里消失了，但瑞记用镜头给苏州人留下的无数靓丽的影像依然珍藏在许多苏州人的相册中，笔者收藏的带有“瑞记”铭号卡纸衬版的照片就多达 40 多帧。

在苏州开办的第二家照相馆是“古镜廔康记照相局”，由潘康伯于光绪十六年（1890 年）在阊门外大马路太平坊口开设。大马路太平坊口正是石路最热闹的商业区，也是苏州城外的重要商业市口，潘康伯不与“瑞记”在观前街竞争，选择石路开照相馆是很有远见的，他专门聘请了广东摄影师来精心操作“古镜”。潘康伯坚信只要照片拍得好城外照相的钱是赚不完的。“古镜廔康记照相局”的名称起得有点仙气，“古镜”指的是有“魔力”的照相机，“廔”的原意是耧，耧是一种播种工具，摄影如同用古镜照了把人像种植在相纸上一样。

古镜楼康记照相局照片

光与影

当然,“廔”也可借代为楼,古镜楼是安置照相机的楼,采用自然光曝光照相的照相室都开设在楼上的天棚中。把照相馆称作照相局、照相楼、照相公司、写真馆也是那个年代的特色,到了民国年间,当摄影用上电光而不再受自然光的限制以后,才一律称作照相馆或照相室。

“苏州古镜楼康记照相局”存世的照片不是太多,笔者曾在上海购得一张存有“苏州古镜楼康记照相局”店名底卡的肖像照片,底卡上还印有373的电话号码,从照片的反面文字可知:照片拍摄于丙寅年即民国十五年(1926年),照片中的老者68岁,鬓发和胡须已经花白,时值初春,老者戴着皮帽,脱掉了臃肿的外衣,穿上了崭新的绸衫,他面对镜头,神情凝重,一副刚毅威严模样。这张有明确拍摄时间记录的照片说明“古镜楼康记照相局”至少是存续到1926年的,它是何时歇业的不得而知。

光绪二十五年(1899年)广东人梁杰臣在察院场口护龙街(今人民路)关帝庙北开设了“兴昌照相馆”,这家照相馆在东吴大学1918级的毕业纪念刊上刊发有一则广告:

兴昌照相放大天然镶牙敬告

本馆开设苏城观西历年矣。照法之灵敏，摄影之得神，修法之精良，光室之宽敞，屡承光顾诸君交相称誉。盖光学近日发明，日新月异。本馆近复精益求精，洗印良法，各种纸料莫不俱备以应诸君之雅好焉。而天然牙医生从美国牙医生游学历有年所，无论牙科奇难各症，均能着手回春。至于镶牙镶眼镶鼻，尤擅特长。全口上下磁牙、电器种牙、镶嵌金牙，莫不自然贴服，宛若天然，与夫拔牙止痛，用药适宜，应手而下，毫无觉痛。谓予不信，患者试之方信予言之确耳。其余专运中西驰名药水，膏丹丸散，罐头食品，花露水粉，洋广杂货，一概俱备，如蒙光顾，格外欢迎。

观西兴昌谨启　第一百四十八号号门牌

广告上有兴昌照相馆的门面照片，穿长袍马褂的梁杰臣站在店门口，梁身后墙上挂满了大大小小的照片，展示了照相馆的实力。兴昌照相馆是一座两层楼，摄影室设在二楼，楼下牙医室，也兼营中西膏丹丸散及各色洋广杂货。牙医和照相馆共设是清末民初时常见的组合，照相和镶牙都是从西方传来的技艺，也是最易为中国人接受的实用技艺，照相馆需要采用自然光，适合开在楼上，楼下则用作治牙和镶牙室，临街再摆上洋广杂货，确实是充分利用店面的最佳组合。

梁杰臣是广州"芙蓉镜"照相馆创始人、著名摄影师梁梅初的徒弟，满师后来到上海，于19世纪90年代盘下四马路上日本人开的一家照相馆，改名为"丽珠"照相馆，成为上海较早开设的照相馆之一。果然是名师出高徒，梁杰臣的"丽珠"照相馆拍摄的照片非常精美。由于照相业投资成本低，上海开设的照相馆越来越多，不免竞争激烈，梁杰臣来苏州考察后，见苏州的照相馆只有两家，便来苏州开设了兴昌照相馆。梁杰臣的外孙、著名翻译家李文俊在他的《天凉好个秋》一书中回忆说："外公曾是一个成功的商人，创办了苏州第一家照相馆兴昌照相馆，还开了兴昌大药房。"虽然"兴昌"不是苏州的第一家照相馆，但却是苏州最早的照相馆之一，兴昌照相馆拍摄的照片艺术之精、装帧之美确实名不虚传。

英国老照片收藏家、摄影史专家贝内特特(Terry Bennett)先生2007年第二次到苏州访问的时候告诉笔者,他在研读美国摄影师福瑞曼(Orrin Freeman)与其亲友的书信时,发现福瑞曼曾在1859年到苏州开设过照相馆,只是因为开设不久苏州便被太平天国农民起义军占领,福瑞曼只得回到上海开照相馆。如果这一说法属实,那么苏州第一家照相馆就成了外国人开设的了,它比《苏州市志》所载创立于光绪八年(1882年)的"瑞昌照相馆"早了23年。但是至今我们仍不知道福瑞曼的照相馆开在何处,也不知道这家照相馆叫什么名字,更没有发现他在苏州拍摄的照片,所以此说只能存疑。

2007年英国摄影史专家贝纳特访问苏州

民国,苏州照相馆遍地开花

辛亥革命推翻了满清政府,江苏巡抚程德全在巡抚衙门揭瓦反正,宣布独立,苏州以和平的方式进入了民国,苏州照相业也随着时代的脚步以蓬勃发展的势头遍地开花。

进入民国,社会风气大开,照相馆和镶牙业的生意奇好,以至有钱人纷纷仿效投资,一条逼仄的牛角浜一时间竟开了五家照相馆、十五家镶牙店。民国二年(1913年),周少府聘请广东人林秀堂在玄妙观牛角浜开办"漱石山房照相馆"。3年后,即民国五年(1916年),林秀堂自立门户,也在牛角浜自办了一家照相馆,名为"福昌"。周少府是苏州大户人家的少爷,当时苏州城里流传一句民谚:"龙虎彪豹夹只狗,彭宋潘韩夹个周。"这位富二代平时喜欢拎个最新德国造的莱卡相机,以拍照为乐,烧钱自娱。一次,周少府乘火车去上海租界白相,到一家照相馆拍照时遇到了广东人、摄影师林秀堂,两人一拍即合,周少府决定聘请林秀堂来苏州,在牛角浜开办照相馆,馆名以周家的庭园"漱石山房"命名。漱石山房照相馆也是一座两层楼,楼上照相,楼下镶牙。

遗憾的是,周少府与林秀堂的合作并不顺利。3年后,林秀堂赚了钱、混熟了人头,却与周少府分了手,在漱石山房的隔壁开了"福昌"照相馆,也兼营镶牙生意。周少府当然咽不下这口气,他凭着财大气粗,出重金对照相馆进行翻修,又雇用了四个广东人管理照相馆。新馆于民国五年(1916年)正月初一重新开张,终因竞争激烈,管理不善,被周少府转租给了他人经营。

在"漱石山房"开办的同一年里,即民国二年(1913年),观前街西头银弄口也出现了一家照相馆,名为"柳村照相社",业主是昆曲爱好者叶柳村。叶柳村(1880—1938年),名赞元,字柳村,苏州人。他年轻时即酷爱昆曲,工老生,嗓音宽亮,唱腔高昂,系清光绪年间苏州颂清社的创始人。民国初年(1912年),叶柳村一度赴沪在职业化的春柳剧场(由原话剧团体"春柳社"的陆镜若、欧阳予倩组织)从事舞台美术设计,在那里结识了多位照相馆业主。凭着对摄影的浓厚兴趣,他返苏后便在观前街西口开办了照相馆。

叶柳村是个很会革新的人。他把自己爱好的昆曲引入照相馆,柳村照相馆中备有各色精美戏衣道具供人化妆拍摄。来拍照片的人,不管会不会演戏,化妆后在叶柳村的导演下摆出样子,生旦净末丑便神气活现,宛在演剧。柳村照相馆的戏装照吸引了不少顾客。1920年,又是叶柳村首先在照相馆中引入电光照相术,打破昔日必须采用日光照相的限制,阴雨天乃至晚上照样可以为顾客照相。此后,电光照相纷纷为苏州的各家照相馆效仿。

1928 年，观前街拓宽改造，叶柳村乘机扩建改造照相馆，新开的“柳村”门面为大三开间，叶柳村发挥自己舞台美术设计的特长，把两面大橱窗布置得夺人眼目。

拓宽后的观前街一派现代商业的新气象，银行业、百货业大举进驻，在上海开设照相馆的商家这时也纷纷来观前街开设分店。

叶柳村设计的柳村照相馆照片封套

苏州光华照相馆就是上海光华照相馆的一处分店，店主陆怀玉早年留学日本，回国后与至交彭式丹在上海经营光华照相馆，经营有方，积累了资金后就在 1928 年趁着观前街拓宽，来苏州开办了光华照相馆。店员由他从上海带来，也都是广东籍，初时曾聘请菲律宾人阿雪司担任摄影师。光华照相馆有典型的“海派”经营风格，给苏州照相业带来了新思路。这是一家带百货商店的照相馆，底楼为照相开票柜台，同时经营上海光华肥皂、儿童玩具、绒线、织锦美术风景片等商品；二楼为电光照相部，三楼为日光照相室，可以不受自然光线的影响日夜照相。“光华”讲究拍摄艺术，承办外拍业务，擅拍超长团体合影照片，很受团体单位欢迎。

1930 年设立在观前街宫巷口的雪怀照相馆则是上海雪怀照相馆的一家分店。雪怀照相馆的业主是林雪怀是电影明星胡蝶的前夫，两人曾是中华影校的同学，又是广东同乡，相恋相爱后于 1927 年结婚。但婚后

雪怀照相馆拍摄的照片

却并不幸福，林雪怀喜欢摄影，与胡蝶相恋时，他手中的照相机曾是他们的媒人，胡蝶成为大紫大红的电影明星后，社会诱惑巨大，交际广泛，林雪怀生活在胡蝶的阴影下很痛苦。两人终于在 1931 年离了婚。林雪怀于 1928 年在上海开办过胡蝶百货公司和雪怀照相馆，雪怀照相馆的店址在宁波路渭水坊，后迁至南京路。在与胡蝶闹离婚时，胡蝶咬定这些店铺是她出钱开设的，离婚官司闹得林雪怀决定离开上海这个是非之地，他不再经营胡蝶百货公司，又委托他人经营上海的雪怀照相馆，自己则到苏州观前街的宫巷口开了一家分店。最初，他的照相底版上标明为上海雪怀照相馆分号。章太炎曾到雪怀照相室拍过一张照片，名医、作家陈存仁在他的《银元时代生活史》一书中回忆说："这天他（章太炎）逸兴大发，我就陪他到观前街雪怀照相室拍了一张相，因为肆主林雪怀是我的旧友。"林雪怀因与胡蝶闹离婚，跑到苏州来开照相室，为的是要远离上海那个是非之地，然而在 1932 年，他的照相室还是因离婚案而被法院查封了。原来离婚案审结下来，判决林雪怀需要归还胡蝶一大笔钱，胡蝶申请法院强制执行，照相室便被法院查封用来抵偿胡蝶的债务了，雪怀照相室只存在了 3 年，大概算是苏州最短命的照相馆了。

广东人黄肖唐则独具慧眼，他相中了具有发展潜力的虎丘这块宝地，于民国八年（1919 年）在虎丘开设了新新照相馆，"新新"也是苏州开设时间最长的照相馆，到新中国成立后公私合营，照相馆一直用“新新”为店名，也给我们留下了众多的虎丘老照片。

在笔者收藏的虎丘老照片中，有一张虎丘千人石的全景照，在那块凸出的大石头旁，停放着两架照相机，有一架照相机的黑布上清晰地绣着“新新照相”的字样。千人石经幢附近，是拍摄以虎丘宝塔为背景的最佳位置。在众多以虎丘千人石经幢为背景的民国照片上，我们都可以看到经幢上“新新照相”的楷书字样。新新照相馆是在虎丘开设的第一家照相馆，也就理所当然地由它买断并占据了这个好地方。

新新照相馆的机位

1919 年以来，新新照相馆究竟为多少游客留下过照片，已经无法统计。那时，能够拥有照相机的游客可说是凤毛麟角，在风景名胜区，请照相馆的摄影师照张相是很风雅的事，既是一种纪念，也是用来向亲朋好友展示旅程最直观的方法。20 世纪二三十年代，游客在虎丘宝塔的留影基本都是新新照相馆的作品。

新新照相馆不但为游客拍照，也拍摄风景照片供游客欣赏并留作纪念，这是照相馆业务中新开拓的项目。据 1935 年陆璇卿先生编著的《虎丘山小志》记载，新新照相馆拍摄的“虎丘风景照片目录”有 20 种：断梁殿、鸳鸯冢、拥翠山庄、憨憨泉、古真娘墓、试剑石、枕石、千人石、二仙亭、生公讲台、顽石点头、白莲开、金刚塔、虎丘剑池、仙人洞、御碑亭、石观音殿、双吊桶、虎丘塔、冷香阁。笔者展示的是新新照相馆当年在景区出售的一套书签式虎丘风景照中的一张。这张照片展示的是虎丘全景，场景广阔，需要用一种能转头的相机才能把如此宏大的场景拍摄在一张照片之中。在这张名为“虎丘全景”的照片上，还有瑞记照相馆的后人、摄影

巍巍虎丘

家、书画家吴吉如先生的题字。

虎丘景区自1919年黄肖唐创办新新照相馆之后，1928年左右有施士良开设的拥翠照相馆，还有真光照相馆、润华照相馆，1945年前后有沈志梅的虎丘照相馆、费跃千的明朗照相馆、郁建光的剑光照相馆、徐国昌的国昌照相馆、黄友仁的新光照相馆。1920年以前苏州全市照相馆只有10家，1928年登记的照相馆为18家，1945年在册的照相馆有37家，而远离城区的虎丘景区开设的照相馆前后竟达9家之多，与观前、石路商业区的照相馆形成了三足鼎立之势。络绎不绝的虎丘游客刺激了虎丘照相市场的兴旺，虎丘各家照相馆摄影师的辛勤劳动给后人留下了丰富多彩的虎丘老照片。

价格　竞争　管理

照相馆技术性极强，投资不大，回报却极高。清代广东文人倪鸿写了一首长达百余字的长诗《观西人以镜取影歌》，他在诗中详细描写了广州人争相到照相馆拍照的情景，并形容店主“日获洋钱满一车”。开照相馆“日获洋钱满一车”虽有夸张，但应当离事实不太远，据史料记载，清末照相馆初开业时，拍一张两寸大小的肖像照片要价为 4 元大洋，如果加印，每张还需另付 1 元大洋。到了 20 世纪 20 年代初，到照相馆拍 4 寸的半身照，所需费用大概在 3 块银元，折合纹银达到 2 两 2 钱。而同一时期，求购一幅地方名人的字画也只需要 1 元大洋而已，如果请画匠画张人像，不过几角钱。与此同时，在观前街的高档酒店办一桌宴席，两元大洋就已经很丰盛了，加上酒水，3 元大洋便能全部搞定。笔者藏有一份民国十三年（1924 年）《胥盘市民公社第二届报告清册》，其中在支出项目栏中记有“支来远桥旧时摄影洋五元”，笔者也曾收藏到这张“来远桥旧时摄影”的照片，它拍摄的是胥盘市民公社为使黄包车便于通行，填高铺平来远桥两塊桥面的情景，照片也只有 12 寸大小，却要花 5 个大洋，说明摄影在那个年代确实是不菲的花费——5 个大洋在那个年代据说足可供普通市民一家人一年的生活开销。

当时照相馆店员的工资相对也是较高的。新中国成立前，店员报酬实行拆账式工资，多劳多得，屡有摄影师拍了几年照片之后便另起炉灶自己开照相馆的情况，说明摄影师的报酬不菲。新中国成立初，照相馆的职工曾一度改为以“米”计月薪，以苏州国际照相馆为例，其中有一人最高为一石六斗，有三人各为一石三斗，有三人各为一石，其余人员则在一石以下类推。1951 年改为公营后，民主改革议定固定工资，对照上述“米薪”分别为 84 元、76 元、64 元、50 元以下不同等级。相比较而言，照相馆人员的工资明显高于同时期其他行业人员的工资。

到了 20 世纪 20 年代末，照相馆在苏州城里呈遍地开花之势，比如在观前地段，照相馆几乎是扎堆开办，竞争之激烈也就可想而知，抢地盘、做广告、搞兼并、大减价等手段也都出现在了照相行业的相互竞争中。

民国十年（1921 年）10 月26 日和11 月2 日，吴小石的“松石轩”照相馆和许清贤的“美然镶牙照相公司”相继在观前街察院场中和阊门石路开业。两家照相馆在《吴语》报上来了一场广告大比拼——分别到报社去争广告刊发的内容多少、位置上下、时间长短。两家照相馆不但在广告上竞争，还从地盘上挤轧。本来开设在石路的“美然照相公司”不久便迁到了养育巷，为的是靠近察院场的“松石轩”。“松石轩”照相馆的业主是吴小松和吴小石，他们生于 1892 年，是苏州评弹名角吴西庚的双胞胎儿子，5 岁时这对孪生兄弟即登台演出，在三十而立之年又投资经商，所以照相馆取名“松石轩”，兄弟俩还在上海贵州路和八仙桥开设了“就是我”和“松石轩”照相馆。在这场与许清贤的竞争中，兄弟俩似乎败下阵了，也或许兄弟俩是想专营上海的照相馆，民国十七年（1928 年）他们将“松石轩”盘给了许清贤。

观前大街 58 号的金龙照相馆由金端一在民国十八年（1929 年）底开办，此时，这条不算太长的观前街上从东到西已开了大大小小十多家照相馆，新开的照相馆要打开局面不容易，于是金龙照相馆率先在苏城掀起了打折减价以吸引顾客的浪潮，它在 1930 年 3 月 30 日的《大光明》小报上刊出广告称：“照码减价七折，以尽优待而示盛情，另拍明信片者，每打买洋二元。”之后又推

大光明

大光明美術照相館

照相明碼 一律七折 加贈時裝 美女畫片

金龍照相館 大廉價

大光明报上刊发多家照相馆的减价广告

出了“二十四寸电光放大，每张三元”的优惠价，这种优惠价广告发了好长时间，吸引了不少顾客，也引起了连锁反应，观前街上的松石轩、大光明、兴昌、中华、康生等一批照相馆迅速跟进展开了折扣优惠战，甚至有照相馆开出了照码六折、对折的低价，喊出了“不惜血本，牺牲贱价”的口号。

这种激烈无序的价格竞争让照相业的同人觉得头痛，为了照相业的发展，1932 年 1 月，照相业同业公会正式成立，观前街上光华照相馆的老

板陆怀玉被公推为首届同业公会主任委员。第一批参加照相业同业公会的会员单位近 20 家,后来又陆续增加了一些会员单位。照相业同业公会除了共同交流照相业务之外,还制定了一些不准无序恶性竞争的规定,刹住了竞相减价风。

但为了生存和赢利,各照相馆依然想出各种比较温和文明的办法如赠送礼品、奖券的办法来吸引顾客,其中光华照相馆就曾在苏城首家推出了有奖促销拉客照相的办法。1933 年 2 月 17 日的《苏州明报》刊登了光华照相馆的有奖拍照广告:"凡拍摄冲洗放大等满洋一元或购软片满洋二元者,赠有号码奖券一张,多则多赠。"顾客在光华照相馆消费时只要获得两张相同号码的的奖券就有获得奖品的机会。如果中奖号码中的五字相同,可获赠价值 1000 元大号九灯收音唱片两用机 1 台;如果末尾四字相同,可获赠价值 200 元 F4.5 照相机 1 架;如果末尾的 3 字相同,则可获赠价值 10 元三寸照相架 1 只。

第二届苏城照相业同业公会成立于 1943 年 4 月 2 日,理事长是蔡新德。蔡新德是苏州著名的摄影家,参加并组织过苏州摄影社团,他虽不开设照相馆,但与苏州各照相馆的关系却非常紧密:他在观前开设的华美大药房兼营各种照相器材,特别是显影、定影药液等耗材。另外,华美大药房中也设有暗房,代摄影爱好者冲印放大照片。大概就是因为这些渊源,所以蔡新德会被公推为照相业同业公会的理事长。在蔡新德主持下的第二届苏城照相业同业公会期间,常被照相业同人回忆的一件事是在行规中写进了"30 公尺内不准开办同类商号"的规定,并且还根据这一规定封掉了余耀中准备开设在邵磨针巷和九胜巷口的银都照相馆,因为这处照相馆离强文标在邵磨针巷 23 号的国际照相馆不足 30 公尺。

国际照相馆开办于 1942 年 7 月,由强文标与曹君贤合资经营。1943 年 7 月,曹退出股本,另营其他项目;强文标另行招股,并聘强云鹤为经理。1946 年并进隔壁的瑞康钱庄,其时国际照相馆资产总额高达 205.8 万元,全店职工有 15 人,其中技工 12 人,练习生 1 人,杂役 2 人。国际照相馆有三层楼面,底楼开票外兼售文化用品,二楼为电光照相室,三楼有日光照相棚。这是一家全天候照相馆,主持拍照的是从上海聘请来的著名摄影师李昌林。国际照相馆备有18寸外拍条转照相机，承接单位团体摄影。另外，国际照相馆还在太监弄设有一个分馆——美琪照相馆。这一时期，国际照相馆称雄苏城照相业，城里的照相馆无出其右者。

余耀中是苏州摄影业中最有“花头经”的一个，他1937年涉足摄影业，在短短几十米的太监弄开了两家照相馆，先是“银都”，后是“薇薇”，对外是两家，实则是一个老板，人员统一调配，共用一个暗房。

使用胶片摄影时代的照相馆特别容易发生火灾，火神就曾三次光临余耀中的照相馆。1941年，银都失火，店铺烧毁。次年“薇薇”改称“银都”，不料不久新“银都”又失火，所幸扑灭及时，没有引发大的火灾。1943年1月11日凌晨5时，银都照相馆突然冒起冲天大火，不仅“银都”付诸一炬，左邻右舍的桂同记鞋店、红宝茶楼、味雅酒楼、大新袜厂都遭受了损失。好在余耀中投了火灾险，经济损失得到了补偿。火灾后的余耀中决定把“银都”开到邵磨针巷与九胜巷口，这下就引来了前述与国际照相馆的纠葛。余耀中为此向法院诉讼，据说因为强文标有汪伪方面的政治背景，所以余耀中的新“银都”一直无法开业。直到1945年抗战胜利，汪伪时期成立的同业公会也宣告废除，“银都”才在新址开业。

而1951年的镇反运动中，强文标被查实为日伪“汉奸”，国际照相馆被认定为敌产，由苏州市地方工业局接收。与俞耀中的竞争官司也就被渲染为是强文标借日伪势力逼迫照相业同业公会将“30尺寸内不准开办同类角号”写入行规的恶行。

1945年10月1日，吴县（即苏州）当局接收伪商会，拟定重新整顿苏城各行业同业公会，但是改组重建却花费了半年多时间，照相业同业公会还是未能成立。不知什么原因，照相业多次呈报的筹备组人选名单均未获得县商会批准。所以，1946年6月16日召开吴县商会第四届一次代表大会时，共有83个同业公会（256名代表）、17家商店工厂（17名代表）出席，独缺照相业的代表，因此也就没能成立抗战胜利后的照相业同业公会。或许是没有同业公会的原因，20世纪40年代末，苏州城里的照相业又重新展开了无序竞争的价格战。

新中国成立之初，苏州城内照相馆开歇频繁，1951 年最多时达 59 家。1956 年有 49 家照相馆参加公私合营，随后合并为 29 家照相馆，设立了两个区中心店——观前大华照相馆为平江区中心店，石路金城照相馆为金阊区中心店。“文革”时期照相业一度受到冲击，到了 80 年代，开始流行彩色照相，进入新世纪后，数码相机逐步普及，照相业中唯有婚纱摄影独树一帜了。

附录：清末至民国年间苏州照相馆一览

瑞昌，玄妙观西脚门，吴瑞生于 1882 年创办，后与瑞记合并

瑞记，玄妙观西脚门，后迁入宫巷与太监弄口新楼，吴瑞生清于末开办，1932 年歇业

古镜楼，大马路太平坊口，潘康伯于 1890 年开办

兴昌，观西 148 号，梁杰臣于 1899 年开办

漱石山房，牛角浜，周少府于 1913 年开办

福昌，牛角浜，林秀堂于 1916 年开办

旭初，牛角浜

大同，牛角浜

金门，牛角浜 22 号

柳村，观前西街，叶柳村于 1913 年开办

美然，阊门外石路中，后迁入养育巷，许清贤于 1921 年 11 月开办

松石轩，察院场，吴小石于 1921 年 10 月创办，1928 年后转让给许清贤

大光明，护龙街景德路口，许清贤于 1929 年 12 月开办

金龙，察院场护龙街关帝庙北，金端一于 1929 年年底开办

光华，观前，陆怀玉于 1928 年开办，系上海光华照相馆分店

雪怀，观前宫巷口，林雪怀于 1930 年左右开办，系上海雪怀照相馆分店

怡新，观前棋杆里，1912 年开办

怡记,宫巷中,1912 年开办

米高梅,观前宫巷口,20 世纪 40 年代开办

大华,观前

银都　先设在太监弄、后迁邵磨针巷,余耀中于 1937 年开办

薇薇,太监弄,余耀中于 1937 年开办

皇后,观前

新村,观前

美丽,观前

中华守记,观前,20 世纪 30 年代开办

东方,观前

康生,观前大街 58 号

国际,观前邵磨针巷,强文标于 1942 年开办

美琪,太监弄,强云鹤于 1942 年开办

大都会,北局,1936 年左右开办

吉星,玄妙观西脚门,1931 左右开办

吉士,玄妙观东脚门

艺海,玄妙观西脚门,1940 年 4 月开办

荣华,玄妙观东脚门,20 世纪 40 年代开办

椿记,养育巷,民国初年开办

匡庐山馆,义巷六号,钱友梅于 1912 年开办

蝶来,阊门外石路

伯良,景德路,1928 年开办

耀昌,留园,1912 年开办

新新,虎丘,黄肖唐于 1919 年开办

真光,虎丘,1928 年前后开办

润华,虎丘,1928 年前后开办

拥翠,虎丘,1928 年前后开办

虎丘,虎丘,沈志梅于 1945 年前后开办

剑光，虎丘，郁建光于1945年前后开办

明朗，虎丘，费跃千于1945年前后开办

国昌，虎丘，徐国昌于1945年前后开办

新光，虎丘，黄友仁于1945年前后开办

说明：本一览表的主要统计依据是笔者收藏的旧时苏州各照相馆所摄照片卡纸上的店号，同时参阅了《苏州市志》《苏州商业志》等相关资料。

民气助推电气兴:苏城电业诞生记

谭金土

苏纶厂开发电先河,程德全借外力办电

清光绪二十三年(1897 年),苏纶纱厂建成投产,使用的主要动力是蒸汽机,但照明系统却使用了电灯,是苏州城市最早亮起电灯的地方。有远见的苏纶纱厂的建设者,考虑到棉纱纤维的易燃性,在厂内安装了 3 台直流发电机专供厂内照明用电,苏纶厂发出了苏州城的第一缕电光。一到晚上,电灯全开,苏纶纱厂内外如同白昼,“华灯照苏纶”成为当年苏州一景——苏州人用电灯的时间只比美国白宫装电灯的时间晚了 7 年,在江苏开了用电照明的风气之先。但是苏纶纱厂的发电机功率太小,发出的直流电只能供厂内照明,无法供应居民和其他工厂用电。

那个年代,苏州寻常百姓家只能使用灯盏照明,在灯盏里灌上豆油或菜油,点燃一两根灯草芯,灯光昏暗如豆。有钱的人家开始使用美孚灯,办大事则用汽灯,用亚细亚煤油公司的洋油来照明。苏州城内的主要交通要道上则挂上四方玻璃灯或洋式风灯(马灯)作为照明工具,这种路灯有专人管理,天黑点燃,天明吹熄。

光绪三十二年(1906 年)农历七月十六日(公历 9 月 4 日),沪宁铁路上海至无锡段通车,在苏州站举行通车典礼。蒸汽机车牵引的火车大大缩短了苏州与上海之间的行程。原来苏州到上海坐摇橹小木船得花三天三夜的时间,有了小火轮也得一天一夜的行程,如今乘上风驰电掣的火车,两个小时不到就可以到上海了。旧日里,上海是苏州的乡村,上海旧称沪渎,也就是海边张网捕鱼的一个渔村而已,自从 1840 年鸦片战争之

后，西洋人在上海办了租界，西风东渐，几十年的时间，上海成了东方大都会，上海与苏州的地位来了个颠倒，上海成了苏州人参观洋场的“大观前”，而苏州则变成了上海洋人和富家的后花园。

沪宁铁路的开通极大地增强了苏州与上海的人员往来和信息物资交流。读上海的《申报》、看吴小如的《点石斋画报》成了苏州有知识者的日常生活，苏州书场的评弹演员则用极度夸张的语言向百姓描述着上海洋场的奇景怪事。有一则弹词开篇如此描绘上海英大马路（即今南京路）上的路灯：

竿灯千盏路西东，火自能来夺化工。
不必焚膏夸继晷，夜行常在月明中。

这样的描绘让苏州人对电灯心仪无限。清朝末年，程德全任江苏巡抚驻镇苏州，上海也是江苏巡抚常常要去巡察的地方，他对上海洋场电火的景观比一般苏州人更了解，也更向往。江苏巡抚衙门设在苏州古城内的书院弄，夜晚来临后，衙门口高悬的两盏马灯或明或暗，长长备弄里的煤油灯也如同鬼火一般。看多了上海电灯通明景象的程德全暗下决心：苏州也要办电厂。

然而，办电厂可不是一般的投资，不但要花费巨资向国外采办发电机，还需要高薪聘请外国技师来操弄和维护，更要全城筹划，植杆拉线装灯，用现在的话来说是一项系统工程。苏州为办苏经丝厂和苏纶纱厂已经支用了一大笔财政款项，苏州的钱庄老板们也正为投入两厂的资金不能如期收回而着急发愁、争吵不休，要苏州地方再投资办电厂，那是有心无力的事。

民国时期的程德全

程德全知道靠胆小保守的苏州士绅是办不成电厂的，只有引进外资（不是外国资本,而是外地资金)才能办成电厂。这时程德全结识了怡和洋行的一位买办——蒉梅贤。蒉梅贤是宁波人,从小便在上海滩上经营,结识了不少外国人,在英国人的怡和洋行当买办发了财,在上海和浙江各地办了不少实业。1906年9月的一天晚上,程德全约蒉梅贤在上海张园聚会,天花板上吊的水晶电灯照得宴会厅如同白昼,程德全借题大发感慨道:苏州的饭馆里只有蜡烛灯笼,昏暗不堪,下次梅贤兄若来苏州,恐怕一不当心要把饭菜送到鼻子里去的,不知何日里苏州才能点上通明的电灯?”

蒉梅贤见程德全对电灯如此感兴趣,知道他话里有话,便说:“程抚台如此关心苏州的市政建设,在下着实感动。只是在下杂务缠身,洋行里也脱不了身。怡和洋行倒是经营发电机具的,不如这样,我来出资,在苏州办一座电厂,以释抚台爱民如子的心意。”程德全一听,立即站起来向蒉梅贤敬酒道:“梅贤兄,一切拜托,苏州方面的事由我来安排。”

祝大椿

程德全回到苏州甫定,蒉梅贤已经指派他的族人蒉敏伯带着7万银票来到苏州谈办发电厂的事宜。程德全没有想到蒉梅贤办事如此快速,马上召集了苏州商会的会董们谈引进外资筹办苏州电厂的事,会董们对引进外资犹豫不决,并引用商会章程说在苏州兴办实业必须是苏州商会会员,否则难以约束。程德全说:“这好办,叫蒉敏伯带资入会。”经过一番商议,最终选定南濠街爱河桥畔为厂址,1906年底“生生电灯公司”挂牌,由蒉敏伯主持公司一切事务。然而,当怡和洋行的发电机安装完工的时候,蒉敏伯手头的7万银元已用得差不多了,供电线路、变电站等设施却还没有一撇。

在这紧要关头,蒉梅贤也一时无力继续投资苏州的发电厂,他向程德全介绍了大商人祝大椿来投资苏州发电厂。祝大椿(1855—1926年)是中国近代买办和工商业资本家,字兰舫,江苏无锡人,他在旧上海滩出道早于朱葆三、虞洽卿,是当时上海工商界数得着的响当当人物。祝大椿于1872年到上海,先在铁行当学徒,后在英商洋行当职员,与蒉梅贤是同事。1883 年左右，祝大椿在上海开设源昌号，经营煤铁五金商业，间或也拆卖旧船等。后又经营海运业，购买轮船多艘，来往于新加坡、上海、日本及所经沿海各港口，并在上海经营房地产。1900 年左右，祝大椿任英商怡和洋行和电气电车公司等外商企业的买办，并在 1903 年升任怡和洋行总买办。自 1888 至 1913 年间，他陆续在上海开办了源昌机器碾米厂、源昌机器缫丝厂；又与人合资开办华兴机器面粉公司、公益机器纺织公司、怡和源机器皮毛打包公司、龙章造纸厂、无锡源康缫丝厂、无锡惠元面粉厂、扬州振扬电灯厂等。1907 年，他兴办实业投资总额超过 200 万元，清政府赐赏了二品顶戴的头衔给他。程德全找到祝大椿说明来意后，祝大椿一口应承，为了便于投资苏州实业，他还提交了一份加入苏州商会的申请，成为苏州商会的特别会员。祝大椿和苏州的洪少圃（字玉麟）、吴纳士（字本善）等人合伙集资规银 10 万元入股生生电灯公司。光绪三十四年（1908 年）十月，“生生电灯公司”改名为“苏州振兴电灯公司”，祝大椿任经理，蒉敏伯任营业部主任（后祝改任董事长，蒉任经理），振兴电灯公司成立后，又添置了 1 台怡和洋行的蒸汽引擎发电机，共有 3 台发电机，发电容量分别为 175 ×2（千瓦/台）、375 ×1（千瓦/台），总装机容量有 725 千瓦。宣统三年（1911 年）一月，振兴电灯公司与苏州公益事务所签订合约，承装路灯 2027 盏，着手放线、发电、接灯。

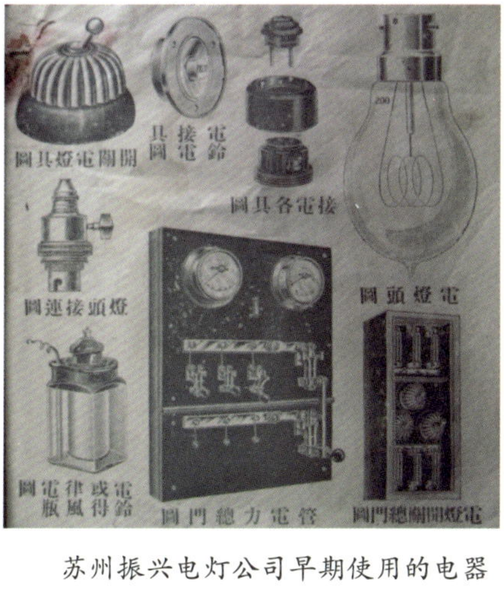

苏州振兴电灯公司早期使用的电器

1911 年 9 月 15 日，就在程德全在巡抚衙门前手持一根长竹竿挑下衙门门楼上的几张瓦片以示支持辛亥革命，宣布江苏独立光复、与清政府决裂的那一天，巡抚衙门和苏州的街道上一起亮起了电灯，电灯光把“中华民国军政府江苏都府”的白底黑字匾额照得格外醒目，程德全为苏州办电的梦想与革命的成功一起实现了，亮灯和光复竟这样巧妙地在苏州同一天发生并成功，程德全自然是感慨万分。

振兴暗转股权给日资，苏人自办电厂来抵制

振兴电灯公司在祝兰舫等人注资后终于发出了电，在古老的苏州城里引起了极大的轰动，那种将黑夜变成白昼的电灯改变了农耕时代国人日出而作、日落而息的生活习惯，苏州人的夜生活变得更加丰富多彩起来，观前的夜市上人头攒动，茶馆里的评弹夜场自然也吸引了更多的听客，市民们享受着电灯带来的诸多益处。

振兴电灯公司开办之初的主要设备有德制蓝格舍厂罐筒式汽炉发电机 2 部，英制三相交流机 1 部，发电容量仅 725 千瓦。这样低的电能，只够在城内的主要街道上装些灯光支数不大的路灯，有选择地为官署衙门和开夜市的商铺装置不多的电灯。到 1913 年底，苏州全城路灯中的煤油灯全部改为电灯照明，据当年振兴电灯公司与苏州市公所订立的《燃点路灯合同》载，当时全市共装置 32 支光路灯 2024 盏。电灯的照耀极大地刺激了苏州人对电的需求。1916 年 8 月，苏州振兴电灯公司增添了 1 台 750 千瓦交流发电机组。至此，公司共有 4 台发电机组，总装机容量 1475 千瓦。又建造了鸭蛋桥、南童子门、中水衙、平安桥、北局、福民桥、沧浪亭 7 处变电所，聘请德国人爱赋雅为技师，雇用职员 23 人、司机工匠 30 人、外线工匠 26 人。扩大产能后的振兴电灯公司基本满足了苏州城的照明用电需求。

到了 1918 年，明里红红火火的振兴电灯公司暗里却生出了矛盾。而就在这时，祝大椿由于投资战线拉得太长，手头的资金也遇到了困难，于是，祝大椿暗中与公益公司签定了一个转让合同，以公司总额 75 万元的标的，用逐年交付的方式转让股权，但明里依然以振兴电灯公司经营。然而据了解内情的公司经理蒉敏伯透露，所谓的公益公司的真正后台是日商大仓洋行和兴业会社。对于董事长祝大椿暗中将振兴电灯公司的股权转让给日资的举动，经理蒉敏伯当然表示强烈反对，他力争无效后愤而辞职，并登报声明脱离“振兴公司”。1918 年 3 月 12 日，蒉敏伯在市总商会会议上当众揭露：祝董秘密告知，已将振兴售与外人。蒉敏伯这里说的外人即指日本人。蒉敏伯的这一爆炸性消息经过媒体披露后立即引起社会各界人士的愤慨。当时社会的民族情绪十分强烈，特别是对日本人，苏州人本来就有着强烈的抵触情绪，市民们普遍的看法是把企业卖给日本人就是出卖主权，就是卖国。但是祝大椿竭力否认蒉敏伯说他出卖主权的指控，正当人们莫衷一是的时候，又有市民反映有日本人向用户检查用电的情况，这似乎更证实了蒉敏伯的说法。一时间苏州市民群情激愤，延至1919年"五四运动"爆发时，苏州大中学校的学生纷纷上街游行示威，声讨北洋政府的卖国行径，发起了抵制日货的高潮，祝大椿转让股权给日本人一事再次成为舆论的焦点。苏州的学生和市民开始用实际行动来抵制祝大椿，苏州各区域的市民公社也纷纷动员用户自动剪线，拒用振兴电灯公司供应的电力，并开始自筹资金自办小发电机发电，一系列的抗议活动甚至发展到了振兴电灯公司的工人关机罢工的地步。振兴电灯公司的经营至此遭受了严重挫折，苏州市民的用电也遭遇到了困难。

在苏州人对振兴电灯公司出卖苏州电业主权的声讨声中，市学生联合会提出了《反对帝国主义，抵制日货》的八项倡议，其中提到了"募集股份另建新厂"的主张。这时，便有苏州商董和实业界人士宋友裴、陈则民、程志范、钱梓楚、宋铭勋、丁春之、吴帙书、谢序卿等8人趁势发起组织自办电气厂，新发电厂定名为"苏州电气股份有限公司"。自办苏州电气公司的行动得到了地方政府的支持，1919年11月，"苏州电气股份有限公司"印发了招股简章，计划集资30万元自办电厂，并由地方政府拨租胥门外枣市桥堍的苏州铜元局旧址为发电厂厂房。1920年5月27日，苏州电气股份有限公司召开了成立大会，陈则民被推举为董事长。紧接着，苏州电气公司安装了一台300千瓦发电机，并开始在阊门、石路、观前一带植杆拉线。经过一年零三个月的筹建，1921年2月7日，苏州电气公司第一台300千瓦交流发电机并网发电，正式供电营业。1922年12月，苏州电气公司又增添了1台1600千瓦发电机，在与振兴电灯公司的竞争中又前进了一步。

一时间，苏州城内有了两家电厂同时供电，分属两家电厂的电线在苏州城内狭窄的街巷中纵横交错，更与刚兴办不久的苏州电话公司的电话

枣市桥堍的苏州电气公司发电厂

线路迭加并行，隐伏着严重的触电危机。民国十二年（公元1923年）春节时下了一场大雪，先是电话线积雪过多，使电线杆线成排倾倒，倒下的电话线又与振兴电灯公司和苏州电气公司的电灯线纠缠到了一起，终于引起电击，设在金狮巷的苏州电话局总机被烧毁。事故发生后，全城停电三天，电话局和两家电厂互相推诿责任，最后竟不了了之。两家电厂为了争取用户，又在电价上互相降价，这种恶性竞争的局面严重阻碍了苏州电力事业的发展。

苏电收购振兴终获胜，电业昭示国运兴与衰

苏州城内两家发电厂之间的纠纷一直闹到了国民政府交通部，交通部曾多次派员调查和调解，苏州商会也组织力量收集了振兴电灯公司转让股权给日资公司的证据，并提出了撤销振兴电灯公司营业许可的要求。1922年8月，交通部派员第四次调查后提出了一份比较温和的处理意见："此案真相已毕尽。祝大椿在江皖两省所办实业甚多，究系江苏绅士，若过伤其体面，恐影响其他营业，转非官厅保护实业、息事宁人之意。部批可只言交由苏州电气厂收买，不言撤销其营业，也即所以顾全祝绅之体面。若遽行撤销其营业，则振兴公司一切物产变卖甚艰，损失甚巨。虽曰羼有日股，然其中又何尝无中国人之资本。官厅保护人民，似不宜出此卤莽命令。”交通部的意见是让苏州电气公司收购振兴电灯公司，苏州电气公司当然愿意接受。为了劝说祝大椿接受这项建议，1923 年 3 月 14 日，交通部致电振兴公司说：“该公司抵售外商一事，经本部查明属实，又因该公司与苏州地方感情既恶，且苏州市公所已正式声明，拟到期收回该公司在苏州立杆之权，此后已难继续营业，本部为体恤商艰起见，兹令该公司将一切必要产业，如房屋、地亩、机器、料件、用具等，交由苏州电气厂公平估价收买。双方应各派估价员二人，逐件公估折旧，本部当会同江苏军民两长委派仲裁员一人，以来解决双方估价付款之争执。收买事务，由批令之日起，限二个月内一律清结，倘有延抗情形，定即撤销其营业。”

1920 年上海证券物品交易所开张

祝大椿对于交通部的电令又作了一番抗争，并把案子诉讼到了平政院。按照祝大椿的个性他或许是不会退让的，但就在这时，一桩股票交易让他损失巨大，也迫使他改变了主意。19 世纪 20 年代初，上海滩兴起了投机交易市场，祝大椿初入股市，凭着他大进大出的做事风格，买进了一大笔“橡皮股”，不料却损失了百万元之巨，他的企业资金到了无法周转的地步，万般无奈中，他只得转让一批资产，甚至把伯渎港宅第也转卖出去了。这时又兼有江苏地方政府的压力，祝大椿终于同意苏州振兴电灯公司由苏州电气公司收购。1924 年 1 月 12 日下午二时，在苏常道公署由地方官员、民国交通部派来的仲裁员和两方公司的代表一起调解协商，最终苏州电气公司以 85 万元的价格收购了苏州振兴电灯公司。1924 年 2 月 19 日，振兴电灯公司的招牌被摘下，换上了苏州电气公司第二发电所的牌子，六年的悬案以苏州电气公司胜利兼并振兴电灯公司宣告结束。

祝大椿经过这几年的曲折，似乎看破了红尘，他将自己从振兴电灯公司出售案中分得的款子全部捐赠给了苏州西园寺，为西园寺的菩萨及五百罗汉重塑金身。

在苏州振兴电灯公司的案子中，苏州人赢得了胜利，但客观公平地说，这中间也有苏州人的地方主义观念在作祟，比如当年程德全引进宁波人蒉敏伯的外资兴办生生电灯公司的时候，就有苏州士绅提出过"利权不可外溢"的质疑。从这一点来看，苏州商绅最终借助民族主义的声浪取得电厂的自办权不能不说是一种有效的竞争策略，更是巧用天时地利人和的一个竞争案例。

利益面前:苏州老字号之痛

晓　民

自明代起,苏州就是工商繁华之地。在这座古城里孕育了不少老字号,其中有的老字号在国内外都享有很高的知名度,有的还在苏州以外的城市里裂变出了同名的老字号,并留下了不少有意思的工商传奇。可以说,这些老字号为苏州的工商文化增添了更多的内涵和底蕴。但是,翻开苏州若干老字号的历史记录,我们也能看到不少因纠结于利益而同室操戈、相煎太急的尘封往事。

纷争只为六神丸

几乎每个中国人都听说过"六神丸",旧时苏州和上海及其周边的人家多喜欢在家备一些六神丸,以防不时之需。这种以麝香、牛黄、蟾酥等名贵中药制成的"六神丸"确实很神奇,咽喉肿痛、扁桃体炎、皮肤上的一些痈或疖在它的攻势下鲜有不能治愈的。如此有疗效而又广受民众欢迎的"六神丸"就是出自苏州的"雷允上"国药店,这家国药店自创办至今已有将近三百年的历史了。

西中市民国建筑群

说起雷允上国药店的创始人雷大升,用现在的流行语来说，他也是“新苏州人”。雷大升字允上，号南山，祖籍是江西丰城，上祖迁居苏州后经过多年的努力经营，到雷大升的父亲雷嗣源时已经从拔贡生做到了内阁中书舍人、军机章京，所以雷大升也算是“官二代”了。雷大升生于康熙三十五年，是清朝最繁荣兴旺的时代，他年轻时便按照父辈的安排，在苦读诗书之余学习医道，于琴诗方面都颇有心得。可是他并没有走父辈的科举仕途而是选择了治病救人，促成他做出这一人生选择的原因是一个小事故——雍正初年，正值壮年的雷大升在北京期间罹患了重病，幸而得到名医疗救，才得以治愈。恢复健康的他从此对中医着了迷，而且还毅然放弃了科举之梦，转而一心从医经商。清雍正十二年（1734 年），雷大升在苏州阊门内专诸巷天库前周王庙弄口开设了诵芬堂老药铺。当然，这时的雷大升也不是一个人在战斗，在他的身后是已经形成一个医学门派的——吴门医派阵营，相当数量的吴中名医都是雷大升的良师益友。除了从吴门医派这一脉学到医道之外，雷大升还到山东等地游历，将这些地方的中药材精华带回了苏州。很快就进入亦医亦商角色的雷大升，在繁华的苏州悬壶济世，并有了一番作为；雷大升还将自己的从医心得写成《金匮辨证》《要症论略》《经病方论》等书，可惜的是，这些书并没有妥善保存下来，除了书名外，书的内容已经散失。不过这并不影响雷大升被称为有清一代著名的医学家。如今为了纪念雷大升的医学贡献和展现吴门医派的医学精华，苏州古城里的吉庆街上还设有以雷允上为旗号的“吴门国医药馆”，医药馆飘出的淡淡药香仿佛在轻轻诉说着雷允上创业的传奇。

雷大升给初创的药店取名为“诵芬堂”，专门销售自主研发的药品，自己兼又坐堂行医。由于他医术精湛，药效显著，而且经常救助当地贫苦人家，来诵芬堂求医的百姓不绝于途，“雷允上医生”的盛名也就传遍了苏州城内外。时日久了，人们甚至渐渐淡忘了“诵芬堂”这个真正的店名，都称它为“雷允上”，而且一直沿用至今。

和旧时的很多民族实业一样，随着时代的变迁，雷允上药店也经历了一个辗转迁移和裂变的过程。

雷大升有五个孙子，分别命名为礼大房、耕二房、绮三房、蕉四房、松五房,以此五房传代。

清乾隆四十四年(1779 年),84 岁高龄的雷大升去世,雷诵芬堂便改由五房孙辈合伙经营,产权均分,各为五分之一。在此后 200 余年的繁衍中,绮三房长期独子单传,股权始终保持五分之一,成为大股东。其他各房由于孙辈众多,股权稀释,股金分散,各房后代所持股权多少不等、相差悬殊,但是基本上处于依照祖训和谐共处的状态,并未发生大的纷争。导致雷允上药店裂变的社会性原因是咸丰十年(1860 年)的战乱。这一年,在清兵与太平军激烈交锋的战火中,苏州古城未能幸免,城西的繁华之地大多被焚为灰烬,最热闹的阊门外山塘街也被焚毁。在一片哀鸿声中,雷允上的族人们只得关闭了店铺,雷氏各房子孙们带着分得的贵重药品背井离乡,来到了已经开埠二十余年并日渐繁华的上海滩避难。为了生存,经受多年医药熏陶的雷氏子孙在上海依旧选择了医药谋生一途。先是绮三房的雷子纯、松五房的雷骏声结伴在上海城外新北门一带设摊卖药以维持生计,之后各房子孙也陆续到上海各自摆药摊度日,巧合的是,他们的摊址也都选择在新北门与老北门之间的一段地区,久而久之,竟也在那里形成了类似于今天"国药一条街"的特色。

在上海的雷氏有了独具特色的药店生意支撑,不久就恢复了元气,于是孙辈们便合议在上海开设诵芬堂分店,既重振了祖业,也有利于抱团取暖,从而使雷允上能够在上海滩的诸多药店竞争中立于不败之地。然而,毕竟是异地重建,资金上总归有限,只得公开招募资金。所幸是沪上的资金招募非常顺利,在总计 800 两银子的资金中,当地的商家平源记出资金 200 两银,成为新建雷允上的大股东,童青记与雷氏五房孙辈则各为 100 两银,新雷允上于清咸丰十年(1860 年)在上海法租界兴圣街(今新北门永胜路)京江弄口开业,为了和苏州原来的老店作区分,上海的这家称作"雷诵芬堂申号",若干年后店面扩展至民国路(今人民路)上营业。

上海雷允上药店的规模不大,店房也略显简陋,但是依旧保持苏州老店的特色,主打产品是祖传的丸散膏丹,比如痧药蟾酥丸、诸葛行军散、八宝红灵丹、犀黄醒消丸、梅花点舌丹、紫金锭以及后来的六神丸等,多达三四百个品种,这些都是有相当知名度的雷氏自产成药,而且和苏州的老店一样，上海的雷允上也不经营饮片配方。

经过一段时间的经营，“雷诵芬堂申号”已经跻身沪上名店行列，在这家药店工作的职员因为福利待遇比较好，也很受时人艳羡，员工们自然是爱岗敬业，整个药店的经营管理进入了良性运转状态。

雷诵芬堂

正当经历过时代洗礼和社会动荡的雷允上步入轨道之时，只有区区菜籽粒大小的“六神丸“却引发了一场不大不小的家族风波。小小药丸给雷允上带来了永恒的知名度，但谁也不会预料到它也给雷氏家族史留下了不算和谐的一个音符。

话还得从六神丸的研制和在市场亮相说起。说到雷允上就离不开六神丸，不过六神丸并不是创始人雷大升的发明，它的诞生和雷诵芬堂申号的创办时间差不多久远，也就一百多年的历史，而且一直蒙着一层神秘的色彩。当时绮三房的后代雷滋蕃在上海小东门的方浜路上独资开了一家名为“雷桐君堂”的小药铺，雇了两名员工靠售卖自产成药维持生存。他从父亲雷子纯手里得到了六神丸的秘方，便将之命名为“雷滋蕃六神丸”，由在苏州老家留守的妻女手工配制好后再拿到上海销售。雷滋蕃的营销手段还是比较灵活的，他自己写了不少推介六神丸的广告四处张贴，很快就吸引了不少顾客购买。日本人向来比较相信中国的医药，见这种药疗效确实上佳，便也跟雷滋蕃做起了六神丸的进出口生意，六神丸在东瀛也有了知名度，雷滋蕃的药店生意是越来越兴旺，甚至在沪上的雷氏子孙中有了一枝独秀的意味。

到光绪时，在上海经营药店的其他雷氏子孙见绮三房凭小小的六神丸就占领了不小的中成药市场，而且业务越做越红火，便开起了家族会议。讨论的结果是:六神丸既为雷家的秘方,它的专利权就该为整个雷氏家族共有,经营权也必须归“雷诵芬堂”,而非绮三房独有。而雷滋蕃也力辩此秘方并非雷氏先祖的专利,而是得自族外,所以其他各房并无权共享。其他各房均承认六神丸的专利权不属于雷氏祖产,但是提出了要出资一万元现大洋买断六神丸生产经营权的要求。商议的结果证明各房都不失理性:雷滋蕃同意一次性买断专利的要求,但是从此以后绮三房长房长孙独享从销售出的每料六神丸(相当于今天的100粒装200瓶的量)中抽取98成“规银”3两的特权,并立据为凭。这项专利转让金因是由六神丸引发,故而俗称“六提”,即“六神丸提成”。专利权买断后,“雷滋蕃牌六神丸”商标随即取消,原供货渠道一律中止,一直游离在雷氏大家族经营之外的“雷桐君堂”也就关闭歇业,原聘的两名职工则转成“诵芬堂申号”的职员,到这个时候,“六神丸”才真正成为雷诵芬堂的专利产品。后来经工艺改革,六神丸的产量和销路都不断扩大,成为雷允上药店最具知名度并且畅销国内外的名特产品。1929年,“六神丸”首次涨价,“六提”标准也相应地由3两银子提高为4两。1931年,在六神丸的又一次涨价中,为了计算方便,将“六提”标准修改为不再以银子计算,而改为总额的百分之二,即每销出六神丸50瓶按一瓶价款提成,今后如再涨价均以此类推。

平静了一些年之后,“六提”又被其他各房提到了家族会议上,理由还是与利益相关:其他各房认为绮三房不应该无休无止地独享“六提”,甚至还闹到法院打起了官司,但是绮三房长房长孙拿出早先的“六提”约定为凭,证明当时并没有规定抽取规银的时限,所以每次官司都是以绮三房这一方获胜告终。不过到了新中国成立初期,绮三房自己内部却打起了官司,因为绮三房长房长孙一直都是单丁单传,自然也就没有什么兄弟长幼争利之说,而是这一代的长房长孙与妻子离婚,女方竟也提出了要分享“六提”的要求,并诉至法院。男方辩称“六提”是自己“监制”所得,女方无权分享。可是新中国的法院很讲究调查取证,很快否定了男方的“监制”一说,依据是:制作六神丸时,男方并不在场。最终人民法院判决男女双方按四六开的比例分享“六提”,这场官司才算落下帷幕。

相煎何急采芝斋

如果说“六提”的几次纷争还算温和的话，80 年前发生的那场关于采芝斋经营权的诉讼就很伤亲兄弟的和气了。

1940 年，采芝斋老板金荫芝的长房长孙、悦采芳糖果店的老板金宜安摘下了采芝斋的店招牌，顿时引起了坊间的不少揣测：莫非金家经营方面出了状况要关张了？市民们还没来得及印证自己的猜测对否，金宜安又做出了更令苏州人弹眼落睛的举动——他拿着起诉书来到法院，告起了自己的同胞兄弟。这一下，金家就成了苏州城里茶余饭后的热点谈资。不过金宜安兄弟可顾不上理睬别人的议论，打官司要紧。大概采芝斋糖果店的创始人金荫芝也想不到，并非豪门大户的金家竟然成了苏州新闻的关注热点。事情还得从采芝斋的创办和经营权等的纠葛说起。

采芝斋真的是家百年老店，清同治九年（1870 年），金荫芝以 500 铜圆为原始资本，在观前街的洙泗巷口摆起了糖果摊。苦心经营多年后，有了些积累的金荫芝终于在光绪十年（1884 年）正式租赁店面，开了家像模像样的糖果店。金荫芝的儿子兼直系继承人金忆萱中年时就已疾病缠身，他预感到自己时日无多，便于 1924 年留下遗嘱对采芝斋的未来作了安排。遗嘱规定将采芝斋分成六股，四个儿子金宜安、金杏荪、金岳石、金

采芝斋夜景

锡山和长孙金培元、金冬元各得一股。其中孙子的两股，自然由金宜安代管。有了父亲的遗嘱来保证自己的优势继承权后金宜安实际掌管三股，占采芝斋总资产的一半。1928年，年迈体弱的金荫芝担心子孙们在自己身后会因采芝斋而反目，便立遗嘱指定由长房长孙金宜安为采芝斋经理，采芝斋招牌的所有权也归金宜安所有。按理，既然有两代长辈的遗嘱，金家孙辈兄弟们应该太平无事才对，事情偏偏与预定的轨道偏离较远，而且问题竟然出在已经占尽优势的金宜安身上。

原来，金宜安早在1923年就已在观前街91号开了家名叫悦采芳的糖果店，1927年又在宫巷口开了分店。经过10年的培育和积累，金宜安又把悦采芳糖果店开到了与苏州饮食习惯相近的上海，而且地点是在比较闹猛的浙江路。在交通和通信技术都很落后的那个年代，要在相隔近百公里远的两座城市之间奔波管理自己开的三家店，还要打理祖上留下的采芝斋，金宜安就有点力不从心了，为了专心做强悦采芳，他把祖父和父亲留给自己的采芝斋牌号连同经营权一起转租给了弟弟金杏荪、金岳石和金锡山，并且订立了正式的转租合同，第一次合同期是自1931年到1934年2月16日，续订期是1934年至1937年，第三次是1937年至1940年，年租金为7000元(一说为12000元)

遗憾的是，市场的发展却没有如金宜安的愿，悦采芳虽也是金家后裔开的，可是吃惯了采芝斋糖果的老百姓却只认采芝斋老牌子，悦采芳的生意不仅没有起色，还有了颓势，而这时的采芝斋在以金杏荪为主力的精心打理下正红火得紧——金宜安便有了关掉悦采芳、回过头来一门心思经营采芝斋的想法。考虑再三，他终于做出了回归采芝斋的决定。而这时候的采芝斋由他的弟弟们经营得有声有色，金宜安好几次找弟弟们表示要收回店铺，可是三个弟弟齐了心没有一个同意的，看来要拿回采芝斋不是那么容易了。

金宜安见和手足兄弟协商也没有效果，只得亲自到采芝斋店门口摘下了祖传的招牌，这才发生了刚才那样让市民们吃惊不小的一幕。他把摘下的采芝斋招牌径直挂到了自己的悦采芳门口，即使这样也还没真正解决问题，他又写了起诉书直接递到了法院。金家兄弟争讼一事一时间成为苏州城里茶楼酒肆的热门话题，甚至还两次被《苏州新报》作了专题报道。到了这个时候，四兄弟只能在法庭上见了。

当年6月5日，法院进行了第一次审理，金宜安向法庭报了一笔账：当初采芝斋在转租给金杏荪、金岳石和金锡山的时候，存货价值32800元，用1940年的时价来估算的话要值到10万余元。他要求法院判决被告归还上述货款，而且三被告还必须停止使用采芝斋牌号。而被告金杏荪等也有自己的一笔账，他们在辩词中说在承租时金宜安实际上只交付了9900元资金，而在长达九年的时间里原告所得利益已经有80000余元之巨，几乎是原存货价值的9倍，原告现在要求将九年前的存货价值改按现在畸形的市价计算核结，于情于理他们兄弟仨都无法接受。这次审理期间，林姓审判员本着家和万事兴的原则，努力做两方的思想工作，他几乎是语重心长地对兄弟四人道："按照传统规矩兄弟之间发生诉讼不仅有伤亲情，也对不起祖上创业的艰辛，大家还是本着和谐共处的原则都相互谅解各退让一些为上。"为了免于事态的继续扩大，他在休庭前还对原被告都提出了未结案前双方都不得使用采芝斋招牌的要求。金杏荪当场就表示非常愿意和解，遗憾的是，金宜安似乎忘记了祖父当时立遗嘱的苦衷和希冀，竟然拒绝调解，而且也没有遵从林法官提出的暂不使用采芝斋招牌的要求，从法院回去后就在自己的悦采芳原址挂起了祖传招牌。

6月7日，第二次审判又开始了。这次审理中原告金宜安的立场没有改变，他依然要求：一、根据祖父遗嘱的规定，采芝斋属长房长孙所有，毫无争议，所以必须收回；二、被告必须将九年前货物按照现在的市价核结。他明确请求法院判令被告将采芝斋牌号及生财货物全部交还给自己营业；三、被告必须支付以前牌号租金及并负担诉讼费用。被告金杏荪表示：一、原先所订承包营业合同依约期满时，货物等应仍归双方共有，并应另议营业办法；二、确实有先祖遗嘱指定金宜安为经理的事实，但是数年前金宜安因为自营悦采芳与老店竞争，已经自请辞职，所以金宜安要恢复经理职位重掌采芝斋的经营大权还须另议办法。原被告双方聘请的代理律师进行了激烈的辩论，其焦点主要集中在根据契约货物作价一事上。

其实这次诉讼中金杏荪一方在法理上一直处于弱势，因为原先订的

采芝斋店内一隅

承租合同恰好在这一年到期，金宜安要求收回采芝斋经营权和招牌使用权算不上毁约。但是，金宜安一方在采芝斋处于平势时并没有按照祖父对自己的希望来经营采芝斋，而是将其转租掉，等到自己的同质糖果店经营不佳时再回过头来收回弟弟们已经经营得很红火的采芝斋，而且还要求按照 1940 年的时价来核定 1931 年时存货的价值，未免太不顾及手足同胞亲情了一些。

法院的判决自然是“以事实为依据、以法律为准绳”，最终的判决是金宜安方获胜，他终于收回了采芝斋的经营权和招牌使用权。不过，金宜安只是请当时炙手可热的汪伪大汉奸褚民谊题了新的采芝斋招牌挂在自己悦采芳原址，就算长房长孙的采芝斋恢复营业了，而金杏荪们则依旧在采芝斋原址继续做着糖果生意，他们已不能再用“采芝斋”这三个字了。金杏荪总归还是有生意头脑的，他将采芝斋老店原址这个优势很好地发挥了出来，在商品的包装上有意突出了“起首老店，并无名称”八个字，以表明自己的店才是真正的采芝斋发祥地。一直到 1944 年，这家店才改名为金芝斋。

国人自古便有兄弟不争讼的训诫，虽然这样的训诫在利益面前往往显得特别脆弱，但是无数兄弟争讼的结果都在证明着这条古训的宝贵价值，遗憾的是，到了当事人领悟过来的时候往往已经是悔之晚矣了。金氏兄弟的这场诉讼也不例外。官司了结之后，身为四弟兄中最长者的金宜安虽拿回了店铺和招牌，却失去了最宝贵的手足亲情。在诉讼过程中四兄弟也耗费了大量的金钱。当时正值汪伪时期，为了疏通关系，四弟兄分头找靠山，金杏荪打通关节找到上海滩鼎鼎大名的黄金荣拜了老头子；金宜安则和汪伪红人、大汉奸褚民谊拉上了关系，甚至还让自己的儿子认褚民谊做了干爹。商户出身的平民攀上这些权贵人物，所付出的金钱也就可想而知了。缺乏经济支撑的采芝斋经历了这场官司后，经营状况下滑了很多；失去亲情变得孤单的金宜安也失去了快乐和健康，在官司结束不久后的 1942 年便郁郁离开了人世。要是当初他能够听从林姓法官的劝告，和弟弟们和解，何至于此呢？